어서 와

코딩은 처음이지?

바이브 코딩으로 인공지능 만들기

염현덕, 염기윤,
염세윤, 허준우 지음

책다락

어서 와

코딩은 처음이지?

바이브 코딩으로 인공지능 만들기

초판 1쇄 발행 2025년 10월 01일

지은이 염현덕, 염기윤, 염세윤, 허준우
발행인 정훈실
발행처 책다락
인쇄 및 제본 테크디앤피

출판등록 제2024-000146호
ISBN 979-11-989505-1-2

이메일 darak.chaek@gmail.com
인스타그램 @chaekdarak

저자가 전하는 편지

" 안녕하세요.
아이들과 함께 꿈꾸는 아빠입니다. "

코딩은 더 이상 어른들만의 특별한 기술이 아닙니다.

앞으로 우리 아이들이 살아갈 세상에서는, 누구나 프로그래밍을 이해하고, 또 활용할 수 있어야 합니다. 그렇다고 해서 모든 사람이 전문 프로그래머가 되어야 한다는 뜻은 아닙니다. 하지만 적어도 컴퓨터와 대화하는 방법을 알고, 내가 원하는 기능을 직접 만들어낼 수 있다면, 그것만으로도 엄청난 힘을 갖게 되지요.

저는 이 책에서 파이썬의 처음부터 끝까지를 모두 다루려 하지 않았습니다.

이미 훌륭한 파이썬 입문서가 많기 때문입니다. 대신 이 책은 코드를 읽을 수 있을 정도의 기초 지식을 알려주고, 더 나아가 인공지능과 함께 내가 원하는 코드를 만들어내는 방법을 안내하는 길잡이 역할을 하고자 합니다.

이 책의 핵심은 바로 바이브 코딩(Vibe Coding)입니다.

바이브 코딩이란, 단순히 코드를 줄줄이 외워 쓰는 것이 아니라 인공지능에게 말하듯 요청하고, 그 결과를 수정하고 발전시키는 새로운 방식의 프로그래밍입니다. 이미 많은 사람들이 ChatGPT와 같은 인공지능을 활용해 글을 쓰거나 그림을 그리듯, 코딩도 이제 '말로 함께 만들어가는 시대'가 열린 것이죠.

저는 기윤이, 준우, 세윤이와 함께 파이썬을 배우고, 바이브 코딩을 실험해 나갔습니다. 그 과정에서 웃음도 많았고, 가끔은 오류 메시지 앞에서 머리를 싸매기도 했습니다. 하지만 실패는 또 다른 배움이 되었고, 오류는 새로운 아이디어로 이어졌습니다. 이 책에는 그런 도전의 흔적이 고스란히 담겨 있습니다.

특히 아이들과 함께 만든 '낙서판 AI' 프로젝트는 기억에 남습니다.

처음에는 단순히 그림을 그리고 맞히는 프로그램을 목표로 했지만, 점점 더 기능이 확장되면서 스스로 학습하고, 틀린 답을 고치며, 조금씩 더 똑똑한 인공지능으로 성장했습니다.

이 작은 프로젝트는 아이들에게 "아, 나도 인공지능을 만들 수 있구나!"라는 자신감을 주었습니다. 그리고 저 역시 확신할 수 있었습니다. 미래 세상에서 가장 보편적이고 강력한 도구는 바로 인공지능이라는 것을요.

이 책은 단순히 따라 하기 교재가 아닙니다.

코드를 한 줄 한 줄 베껴 쓰는 데 그치지 않고, 내가 원하는 방향으로 코드를 수정하고, 내 아이디어를 담아 나만의 프로그램을 만드는 과정을 담았습니다. 그렇기에 이 책은 정답을 알려주는 책이 아니라, 길을 안내하는 책이라고 할 수 있습니다.

혹시 책 속의 최종 코드가 잘 실행되지 않아도 괜찮습니다.

중요한 건 결과물이 아니라 과정입니다. 인공지능과 대화를 나누고, 프롬프트를 다듬으며, 때로는 실패하고, 다시 도전하는 그 여정 자체가 바로 바이브 코딩의 진짜 매력입니다.

저는 이 책이 아이들에게 단순한 코딩 책이 아니라, 새로운 방식의 문제 해결 도구를 열어주는 열쇠가 되기를 바랍니다.

나아가 부모님과 선생님들께도 "아, 이렇게 인공지능과 함께 코딩을 가르칠 수도 있구나" 하는 작은 영감을 주길 바랍니다.

아이들과 함께 웃으며 실험한 기록이 누군가에게는 큰 도움이 될 수 있을 거라 믿습니다. 그리고 무엇보다, 이 책을 읽는 우리 친구들이 자신만의 아이디어로 멋진 프로그램을 만들어 나가길 바랍니다.

미래는 이미 우리 앞에 와 있습니다.

그 미래에서 가장 중요한 건 정답을 아는 것이 아니라, 스스로 질문하고 탐구할 수 있는 힘입니다.

바이브 코딩은 바로 그 힘을 기르는 첫걸음이 될 것입니다.

2025년 가을

저자  드림

" 안녕하세요.
말은 적어도 머리는 300% 가동 중인
기돌이입니다. "

안녕하세요! 여러분도 저처럼 코딩이 처음인가요? 코딩은 복잡하고 어렵다고 생각할 수도 있지만, 알고 보면 정말 재미있고 신나는 일입니다. 저도 아빠, 동생, 사촌과 함께 코딩을 배우면서 코딩의 매력에 푹 빠졌습니다. 처음에는 간단한 곱셈 코드 하나 만드는 것도 생각보다 쉽지 않아서 놀랐습니다. 구글 같은 엄청난 검색 엔진도 수많은 코드로 만들어졌다는 것을 깨닫고 나니, '나만의 인공지능을 만들어 보면 어떨까?' 하는 용기가 생겼습니다.

'어서 와, 코딩은 처음이지? 바이브 코딩으로 인공지능 만들기'는 바로 저처럼 처음 코딩에 도전하는 여러분을 위해 준비한 책입니다. 제가 직접 경험하며 알게 된 중요한 팁들을 이 책에 담았으니, 여러분도 잘 따라오셔서 멋진 코딩 세계를 경험해 보세요.

1. 꿈은 크게 가지되, 한 걸음씩 나아가세요.

인공지능 개발자가 되겠다는 큰 꿈을 꾸는 것은 정말 좋은 일입니다. 하지만 처음부터 너무 복잡한 목표를 세우기보다는, 간단한 단계부터 차근차근 시작하는 것이 중요합니다.

책의 내용을 단순히 따라 하기만 하는 것은 아무 의미가 없다는 것을 것을 기억하세요. 왜 이런 코드를 쓰는지 이해하면서 한 단계씩 나아가면 어느새 큰 목표에 가까워질 수 있을 것입니다.

2. 인공지능을 조수로 활용하세요.

인공지능은 우리가 질문하는 방식에 따라 똑똑한 답을 내놓기도, 엉뚱한 답을 내놓기도 합니다. 인공지능에게 원하는 답을 얻으려면 무엇을 만들고 싶은지, 그 목적이 무엇인지 명확하게 이야기해 주는 것이 중요합니다. 또 너무 복잡하고 어려운 코드를 혼자서 다 만들려고 하지 않아도 괜찮습니다. 지뢰 찾기나 오목 같은 간단한 게임도 수많은 코드가 필요한데, 이 모든 것을 처음부터 혼자 짜는 것은 정말 힘든 일입니다. 인공지능이라는 훌륭한 조수를 활용하면 복잡한 부분도 쉽게 해결하고, 훨씬 빠르게 코딩 실력을 키울 수 있을 것입니다.

3. 작은 실수가 큰 오류를 만들 수 있습니다.

코딩을 하다 보면 띄어쓰기나 오타 같은 사소한 실수 때문에 코드가 작동하지 않는 경우가 대부분입니다. 코드를 짤 때는 아주 작은 부분도 놓치지 않고 꼼꼼하게 살펴보는 습관을 들이는 것이 중요합니다.

4. 포기하지 말고 끝까지 도전하세요.

솔직히 말하면 저도 처음부터 코딩이 마냥 재미있지는 않았습니다. '괜히 시작했나?' 하고 포기하고 싶을 때도 있었지요. 하지만 포기하지 않고 끝까지 해냈을 때의 기쁨은 정말 특별했습니다. 여러분도 이 책을 통해 저와 동생, 사촌이 경험했던 코딩의 즐거움을 느끼면서 여러분만의 멋진 작품을 완성할 수 있을 거라고 믿습니다.

저자 염기윤 드림

" 안녕하세요.
사건과 웃음을 동시에 만드는 재주꾼
준돌이입니다. "

안녕하세요! '준돌이' 허준우입니다.

여러분, 코딩이라고 하면 어렵고 복잡하게 느껴지시죠? 저도 이 책을 쓰면서 처음에는 그렇게 생각했습니다. 하지만 직접 해보니 코딩은 겉보기와 달리 정말 재미있고, 오히려 생각보다 쉬운 점도 많다는 것을 알게 되었습니다. 코딩에는 일정한 패턴이 있어서, 그 패턴을 이해하면 누구나 쉽게 배울 수 있습니다. 예를 들어, 무언가를 반복해서 실행하거나, 특정 조건에 따라 다른 행동을 하도록 만들거나, 아니면 순서대로 명령을 내리는 방식들이 계속해서 반복됩니다.

물론, 코딩은 집중력과 끈기가 필요합니다. 코드의 한 글자나 작은 공백 하나만 달라도 오류가 나기 때문입니다. 저도 처음에 print("안녕")을 입력할 때, 따옴표를 빼먹은 것을 몰라서 몇 번이고 고쳐야 했습니다. 그래도 괜찮습니다. 그런 작은 실수들은 곧 코딩 실력을 키워주는 좋은 경험이 되기 때문입니다.

제가 코딩을 하면서 알게 된 꿀팁들을 알려드리겠습니다. 괄호 안에 따옴표를 쓰는 방법은 코딩할 때 정말 자주 나오니, 꼭 기억해 두시면 아주 유용합니다.

그리고 코드를 무작정 외우려고만 하지 마십시오. 이해하고 또 이해하는 것이 훨씬 중요합니다. 이해가 되지 않을 때는 포기하지 않고 다시 한번 살펴보는 용기도 필요합니다.

또 하나, 이중 for문으로 구구단 코드를 만들 때 깨달은 점이 있습니다. 구구단은 단순히 곱하기를 반복하는 것 같지만, 사실은 "안쪽에 들여쓴 코드는 바깥 for문에 따라 움직인다"라는 규칙이 있습니다. 즉, 바깥 for문이 한 번 실행될 때마다, 안쪽에 들여쓴 코드가 여러 번 실행되는 것입니다. 저는 그때 "들여쓰기로 적은 코드는 윗줄 코드의 영향을 받는구나"라는 사실을 배웠습니다. 코딩은 이렇게 숨은 규칙을 발견하는 재미가 있습니다.

코딩을 하다 보면 즐거운 순간도 있고, 때로는 지루하거나 어렵게 느껴지는 순간도 있습니다. 그럴 때는 그냥 꾸준히 해 보시기 바랍니다. 즐겁게 코딩을 하다 보면, 어느새 멋진 결과물이 눈앞에 나타날 것입니다.

저자 허준우 드림

" 안녕하세요.
머리는 전략가, 손은 폭탄 설치반인
세돌이입니다. "

안녕하세요? 저는 이 책의 저자 염세윤이에요.

저는 이 책을 쓰기 위해 형들과 함께 코딩을 배웠어요. 처음에 아빠가 보여주신 코드를 보았을 때는 너무 어려워 보여서 살짝 긴장했는데, 배우다 보니 의외로 쉽다는 걸 알게 되었어요. 진짜 그렇답니다.

여러분도 겉보기에 어렵다고 겁먹지 말고 꼭 한 번 해보세요. 막상 해보면 생각보다 별거 아니에요. 그리고 정말 어려운 부분이 나오면 인공지능에게 물어보세요. 저는 인공지능과 함께 바이브 코딩을 하면서 형들을 놀리는 프로그램도 만들고, 게임도 만들고, 제가 상상한 것들을 하나씩 만들어 보았어요. 이 책에는 제가 만든 프로그램들도 실려 있어요. 재미있게 이것저것 만들다 보니 어느새 책이 완성되었답니다.

이 책이 길어 보여도, 차근차근 따라오면 누구나 쉽게 읽을 수 있어요. 이제 이 책과 함께 코딩의 세계에 빠져들어 보실래요? 제가 직접 해보면서 알게 된 꿀팁을 알려드릴게요.

염세윤의 코딩 꿀팁!

1. 코드를 입력하다가 엔터를 치면 자동으로 들여쓰기가 돼요.
2. 들여쓰지 않아야 할 곳인데 들여쓰기가 되었다면, 백스페이스 키로 지우세요. 공백이 사라져요.
3. 콜론(:) 을 절대 잊지 마세요! 특히 for문이나 if문 뒤에는 꼭 콜론이 있어야 해요.
4. 오류가 나서 화면에 어려운 영어가 잔뜩 나오나요? 그대로 복사해서 인공지능에게 물어보세요. 무엇이 문제인지, 어떻게 고쳐야 하는지 친절하게 알려줄 거예요.
5. 파이썬의 기본 기능만으로 게임을 만들면 재미가 없을 수 있어요. 반드시 pygame을 설치해 보세요. 설치할 때는 코드를 입력하는 칸이 아니라 터미널에서 pip 명령어를 사용해야 해요.

여러분이 이 책을 읽으면서 만들 첫 번째 프로그램이 어떤 모습일지 벌써 기대돼네요.

저자 염세윤 드림

목차

책에 있는 예제 소스는 다음 웹사이트에서 내려받을 수 있습니다.

https://blog.naver.com/chaekdarak/224011263201

아빠, 이게 뭐야?

파이썬을 만나다

..뭐야, 하나도 재미없어 보이네.

앗, 아니야! 진짜 재미있다니까! 아빠 말 한번만 믿어봐! ㅠ

파이썬이 뭐냐고?

잠깐만! 아빠 얘기 좀 들어봐!!!
너희들, 레고 블록 좋아하지? **파이썬(Python)**은 마치 **레고 블록처럼** 다룰 수 있는 프로그래밍 언어야. 레고 블록으로 집이나 자동차를 만들 수 있듯, 파이썬으로는 **우리가 상상하는 거의 모든 것을 만들 수 있어!** 게임도 만들 수 있고, 그림도 그릴 수 있고, 심지어 인공지능도 만들 수 있단다.

게임? 인공지능? (솔깃)

그러엄!!!
멋진 그림도 척척 그려주고, 게임도 직접 만들 수 있어!
심지어 우리가 함께 인공지능도 만들어볼 수 있다구!

왜 사람들이 파이썬을 **"초보자를 위한 첫 번째 언어"**라고 부를까?
그건 파이썬이 다른 프로그래밍 언어보다 **훨씬 쉽고 직관적**이기 때문이야. 파이썬은 마치 영어 문장을 읽듯이 코드를 이해할 수 있어서, 처음 배우는 사람도 금방 익숙해질 수 있지.

그리고 한 번 파이썬을 배우면, 프로그래밍을 통해 논리적으로 사고하는 힘이 길러져. 나중에 더 어려운 개념을 배울 때는 **챗GPT** 같은 도구도 활용하려고 해. 그러니까 우리 같이 파이썬을 시작해보자!

제바알~!(간절)

기돌이의 일기

12월 4 일 금 요일 날씨 쨍쨍 맑음

오늘 아빠가 재미있는 걸 알려준다고 하셨다. 바로 파이썬(Python)이라는 프로그래밍 언어다. 귀도 반 로섬(Guido van Rossum)이라는 사람이 만들었는데, 뭐든지 만들 수 있다고 했다.

파이썬은 1991년에 처음 나왔는데, 시간이 지나면서 점점 더 많은 곳에서 쓰이게 됐다고 한다. 지금은 학교, 회사, 연구소에서도 쓰이고, 웹사이트 만들기, 게임 만들기, 인공지능, 로봇 조종 같은 신기한 일들도 할 수 있다고 한다.

아빠의 반짝이는 눈을 보니 안 배우면 큰일 날 것 같다. 아니지! 어쩌면 내가 세상을 깜짝 놀라게 할 무언가를 만들 수도 있잖아? 그래! 한번 해보는 거야!

처음 뵙겠습니다!

파이썬을 설치하다

넹? 뭐라구요?

...이제 파이썬 시작해보자구;;

1 인터넷에서 구글 코랩 사용하기

구글 코랩(Google Colab)을 사용하려면 구글 계정이 필요해. 그래서 먼저 부모님께 **구글 계정**을 만들어 달라고 부탁해야 해.

구글 코랩은 **인터넷 브라우저만 있으면 바로 사용할 수 있는 무료 파이썬 도구**야. 컴퓨터에 따로 프로그램을 설치하지 않아도 돼서 정말 편리하겠지? 내가 짠 코드가 어떻게 작동하는지도 바로바로 확인할 수 있어. 특히 인공지능이나 데이터 분석 같은 무거운 작업도 구글 컴퓨터의 힘을 힘을 빌려서 실행할 수 있어서, **내 컴퓨터가 조금 느려도 걱정 없이 사용**할 수 있단다.

인터넷 브라우저가 뭐냐고? 브라우저는 **인터넷을 사용할 수 있게 도와주는 프로그램**을 말해. 크롬, 엣지, 파이어폭스 같은 게 있고, 우리가 인터넷에서 검색을 하거나 유튜브를 볼 때 사용하지.

그럼, 구글 코랩으로 파이썬을 배우는 첫걸음을 함께 시작해볼까?

1

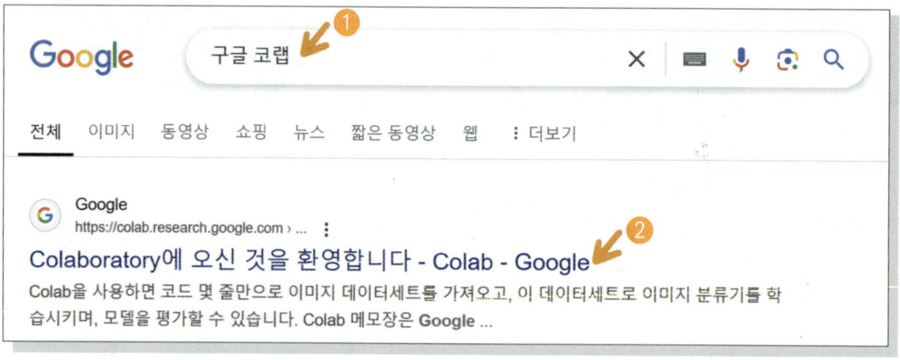

① 인터넷 검색창에 '구글 코랩' 또는 'Google Colab'이라고 써서 검색해 봐. 나는 구글에서 검색했어.

② 'Colaboratory에 오신 것을 환영합니다'라는 글자가 보이면, 딸깍! 클릭하면 돼.

2

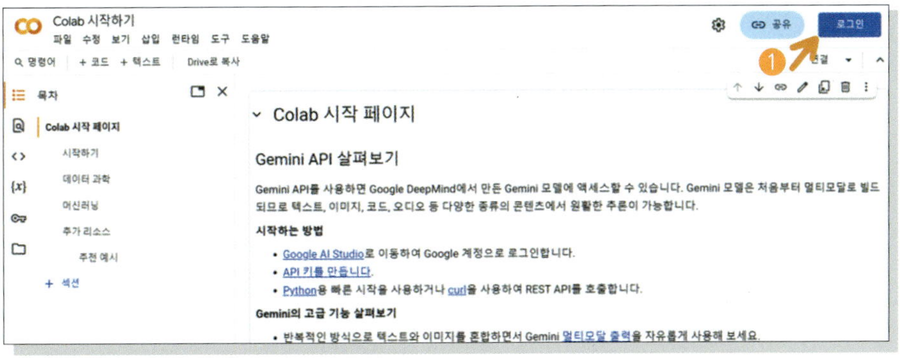

① 파란색 '로그인' 버튼을 누르면, 이메일이랑 비밀번호를 적는 칸이 나와.
부모님이 만들어준 구글 계정으로 로그인해보자!

3

① 로그인에 성공했구나! 잘했어!

로그인을 하니 '노트 열기' 창이 뜨지? 그 안에서 파란색 '+ 새 노트' 버튼을 눌러서 파이썬을 시작해보자!

4

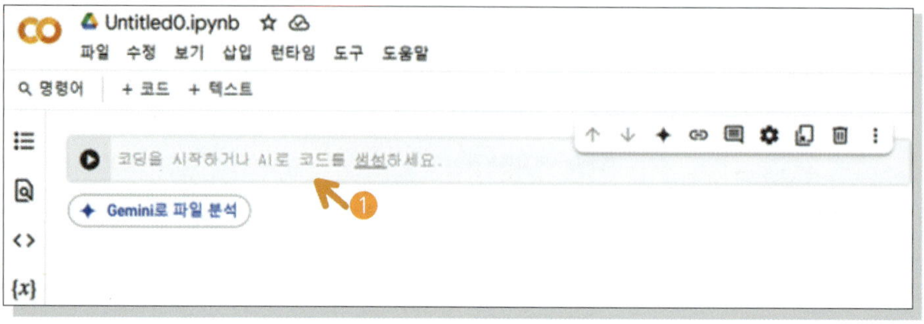

1 짠! 새 노트가 열렸어!
이제 여기서 마음껏 파이썬 코드를 작성할 수 있어!

화면에 회색 사각형 안에 '코딩을 시작하거나 AI로 코드를 생성하세요.'라는 글자가 보이지? 그 회색 박스를 클릭하면 내가 하고 싶은 말을 쓸 수 있어.
그럼, 회색 칸을 눌러서 파이썬 코딩을 시작해볼까?

5

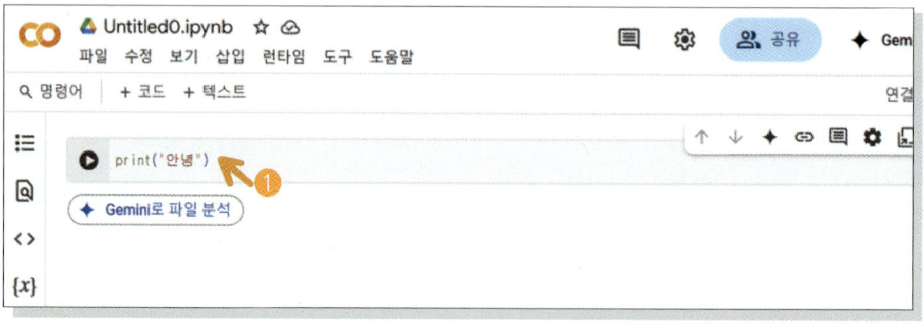

1 가볍게 인사부터 해볼까? 우리가 자주 쓰는 말, '안녕'을 화면에 띄우는 파이썬 코드를 만들어보자.

회색 사각형 안에 print("안녕")을 똑같이 써봐. 프로그래밍에서는 대소문자를 구분하니까, 꼭 정확하게 써야 해. 큰따옴표(" ")도 빠뜨리지 말고! 컴퓨터는 글자 하나만 달라도 오류가 나기 때문에 아주 조심해야 해.

6

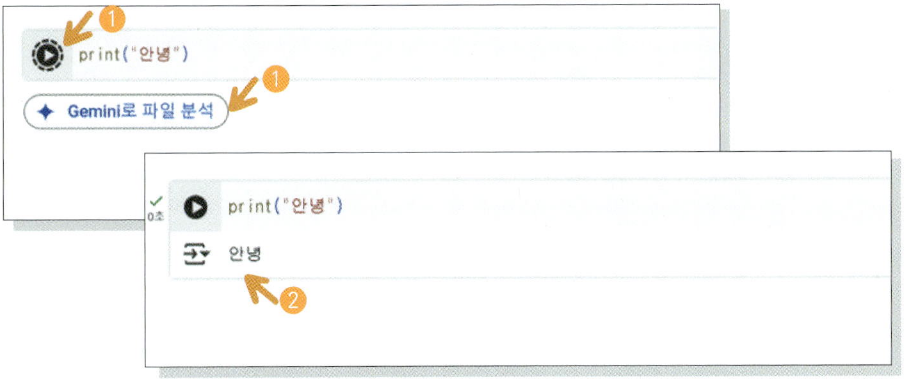

❶ 코드를 모두 입력했다면, 회색 사각형 왼쪽에 있는 세모 버튼(▶)을 클릭해봐. 이 버튼은 너희들이 작성한 프로그램을 실행해 주는 역할을 한단다. 버튼을 누르면, 그 주변에 점선 동그라미가 빙글빙글 돌고 'Gemini로 파일 분석'이라는 글자가 잠깐 나타날 거야.

❷ 조금만 기다리면, 아래에 하얀 사각형이 생기고 그 안에 '안녕'이라는 글자가 보일 거야. 이 하얀 사각형은 코딩 결과를 보여주는 창이야. 너희들은 방금, '안녕'이라는 말을 화면에 띄우는 파이썬 코드를 만든 거라구! 멋지지?!

7

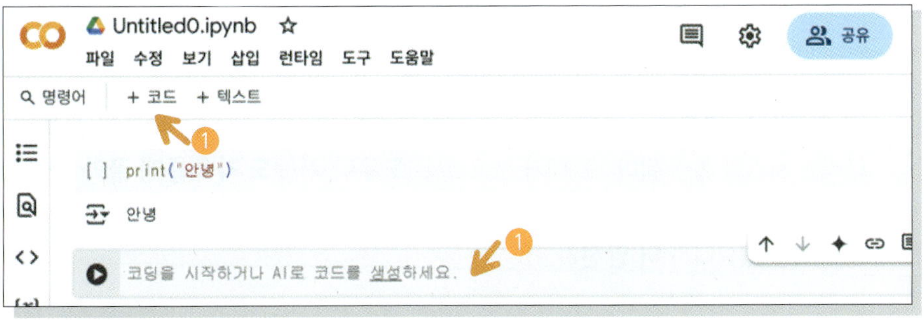

❶ 첫날인데 인사만 하고 끝낼 수는 없지. 마음에 드는 문장을 직접 만들어볼까? '+코드' 글자를 클릭해봐! 회색 사각형이 추가로 생기지?

8

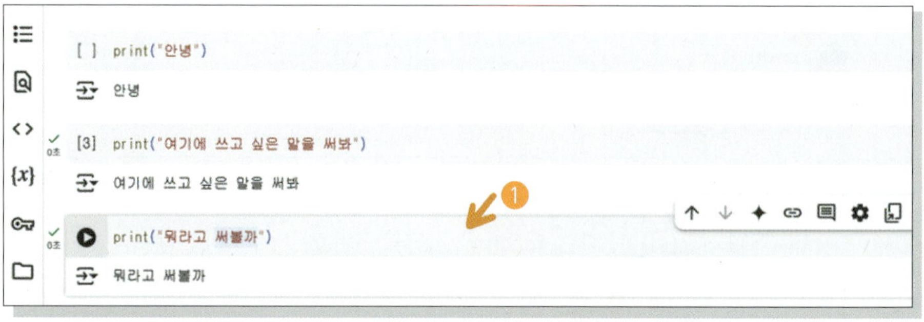

① print(".....") 이렇게 쓰고 세모 버튼(▶)을 누르면, 컴퓨터가 네가 하고 싶은 말을 대신 해줄 거야.

너희가 작업한 내용은 코랩이 자동으로 저장해 주니까, 걱정 말고 마음껏 파이썬 코드를 만들어봐.
오류가 났다고? 걱정 마! 구글의 AI,Gemini(제미나이)가 잘못된 부분을 고치는 데 도움을 줄 거야.

2 내 컴퓨터에 직접 설치하기

이번에는 파이썬을 내 컴퓨터에 **직접 설치하는 방법**을 알려줄게.

파이썬을 설치하면 좋은 점이 정말 많아! 먼저 인터넷이 없어도 코딩을 할 수 있어서 **언제 어디서든 연습**할 수 있어. 그리고 너희가 만든 프로그램이 **더 빠르게 실행**돼서 기다리는 시간이 훨씬 짧아. 또 내가 쓰고 싶은 **도구나 기능도 자유롭게 골라 쓸 수 있어**서, 게임이나 재미있는 프로그램을 **더 자유롭게** 만들 수 있지. **중요한 정보**도 내 컴퓨터 안에만 있으니까 **더 안전**하고!

하지만 **설치가 조금 어려울 수 있으니까,** 부모님께 같이 해달라고 부탁해보는 것도 좋을 것 같아!

1

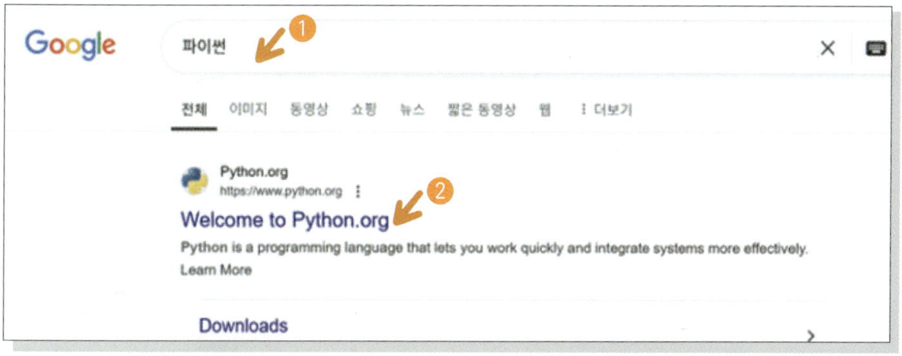

① 인터넷 검색창에 '파이썬' 또는 'Python'이라고 써서 검색해 봐.
나는 구글에서 검색했어.

② 'Welcome to Python.org'라는 글자가 보이면, 딸깍! 클릭하면 돼.

2

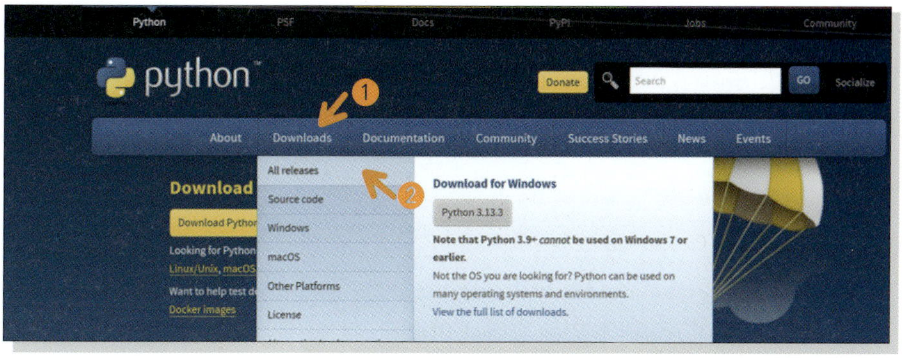

① 화면 맨 위에 있는 'Downloads' 글자에 마우스를 올려봐. 그러면 아래에 새로운 메뉴들이 쭉 나올 거야. 'Downloads'는 '다운받기'라는 뜻이야.

② 새롭게 나타난 메뉴에서 'All releases'를 눌러줘. 'All releases'는 '지금까지 나온 버전들을 모두 볼 수 있는 곳'이라는 뜻이야.

3

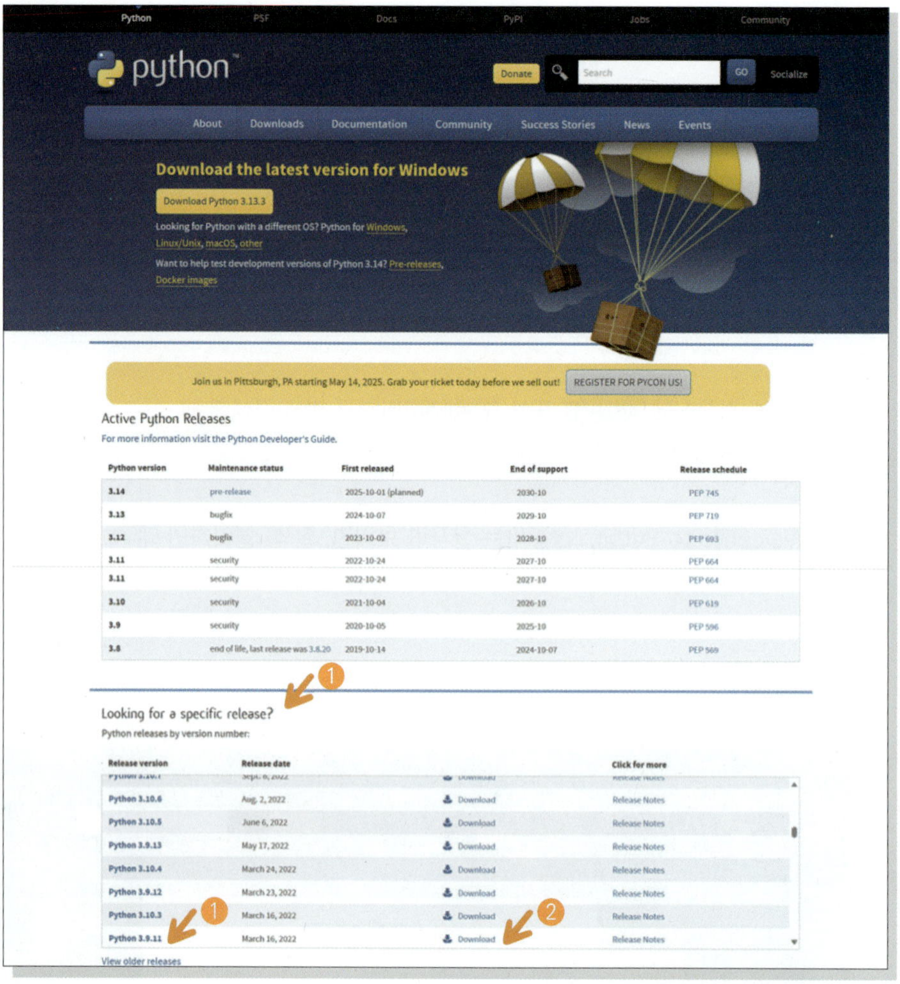

① 페이지 중간쯤까지 내려가면 'Looking for a specific release?'라는 글자가 보일 거야. 그 아래에 있는 표에서 아래쪽으로 쭉 내려가면서 'Python 3.9.13'을 찾아봐.

이렇게 화면을 아래로 쭉 내리는 걸 '스크롤'이라고 해. 스크롤하려면 마우스를 아래로 움직이거나 손가락으로 화면을 밀면 돼. 나는 한 네 번쯤 스크롤하니까 Python 3.9.13이 보이더라.

② 찾았어? 그럼 바로 옆에 있는 'Download' 글씨를 눌러줘.

4

① 짜잔! 드디어 파이썬 3.9.13 버전을 다운로드할 수 있는 페이지에 들어왔어. 여기에 뭐라고 글이 많이 써 있지만, 그냥 휙휙 넘기고 화면을 두 번쯤 스크롤하면 'Files'라는 표가 보일 거야.

② Files 표에서 너희 컴퓨터에 맞는 설치 파일을 골라서 다운로드하면 돼. 나는 윈도우 컴퓨터를 쓰니까 'Windows installer (64-bit)'를 설치했어. 파란색 글자를 누르면 바로 다운로드가 시작돼!
혹시 내 컴퓨터가 어떤 건지 잘 모르겠다면, 부모님께 살짝 도움을 청해보자!

5

① 다운로드한 파일이 내 컴퓨터의 어디에 저장됐는지 찾아야 해. 나는 다운로드 폴더에 저장했으니까, 그쪽으로 가볼게!

② 컴퓨터 화면에 파란색 화살표가 내려오고 있는 아이콘이 보이지?
그걸 마우스로 빠르게 두 번 딸깍딸깍 눌러줘.
이렇게 두 번 누르는 걸 '더블클릭'이라고 해!

6

① 'Add Python 3.9 to PATH'라는 글자 앞에 있는 작은 네모를 눌러봐. 네모 안에 v자 표시가 생길 거야.

이건 컴퓨터가 '파이썬은 여기 있어요!' 하고 기억하게 하는 거야. 그래서 나중에 쉽게 파이썬을 쓸 수 있어.

② 이제 준비 끝!

그 다음에는 'Install Now'라는 글자를 눌러봐. 이건 '지금 바로 파이썬 설치 시작!'이라는 뜻이야. 버튼을 누르면 파이썬이 컴퓨터에 쓱쓱 설치되기 시작할 거야.

7

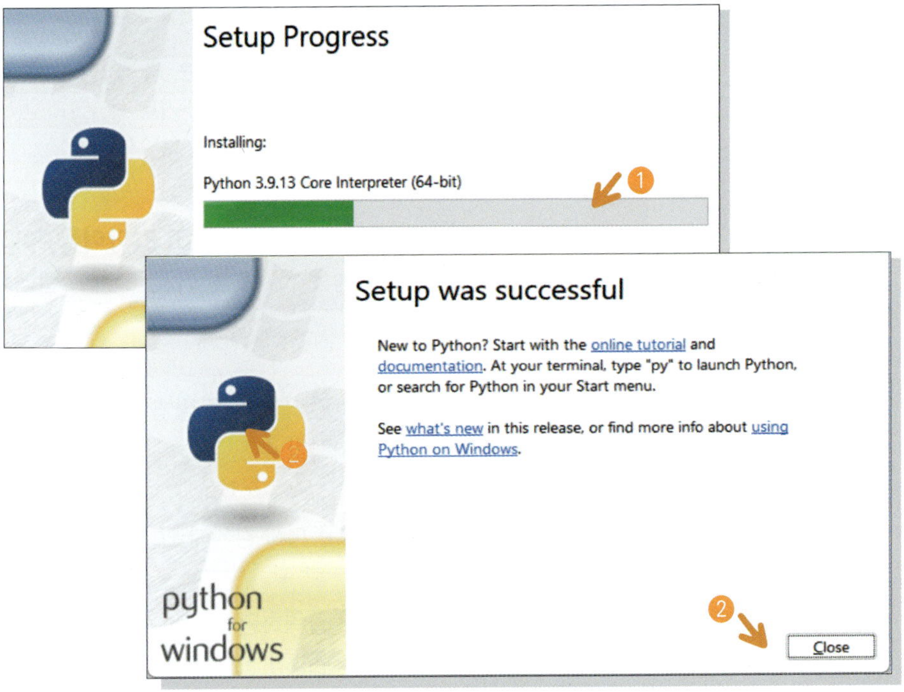

① 'Install Now'를 눌렀더니 초록색 사각형이 쭉쭉 채워지는 화면이 보이지? 이때는 아무것도 하지 말고 그냥 기다리면 돼.

② 조금만 기다리면 'Setup was successful'이라는 창이 나타날 거야. 이건 '설치가 잘 끝났어요'라는 뜻이야.

그럼 '닫기'라는 뜻의 'Close' 버튼을 눌러서 창을 닫아보자.

8

① 이제 **파이썬 프로그래밍을 더 쉽게 할 수 있게 도와주는 'PyCharm(파이참)'** 이라는 도구를 설치해 볼 거야.

PyCharm은 **파이썬 코드를 편하게 쓸 수 있게 도와주는 똑똑한 공책** 같은 거야! 코드를 입력하기도 쉽고, 틀린 부분이 있으면 척척 알려주기도 해. 그리고 버튼 하나만 누르면 바로 결과를 볼 수도 있지!

만약 설치가 귀찮다면 걱정하지 마! 아까 파이썬을 설치할 때 **'IDLE(아이들)'**이라는 간단한 에디터도 같이 설치되었거든. IDLE 기능은 조금 단순하지만, 바로 실행해서 연습해볼 수 있어.

어떤 방법을 고를지 모르니까, 파이참(Pycharm)을 설치하는 방법도 알려줄게. 이렇게 하면 너희가 더 편한 걸로 선택해서 코딩을 시작할 수 있어.

인터넷 검색창에 '파이참' 또는 'PyCharm'이라고 써서 검색해 봐.

② 'PyCharm 다운로드'라는 글자가 보이면, 딸깍! 클릭하면 돼. 비슷하게 생긴 글들이 많으니까, 'JetBrains'라는 사이트인지 잘 확인해보자!

9

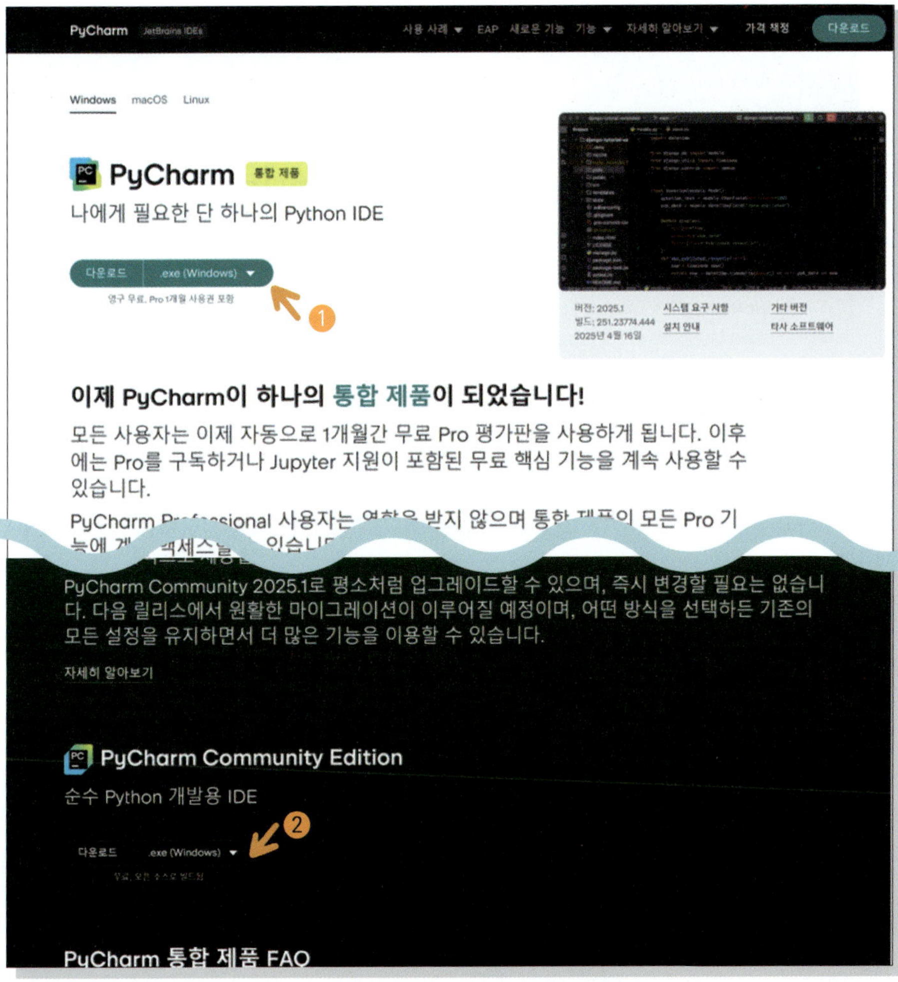

① 이건 유료랑 무료가 같이 있는 파이참이야. 처음에는 무료로 쓸 수 있지만, 며칠 지나면 돈을 내야 할 수도 있어. 그래서 정말 필요한 친구들만 조심해서 'Download' 버튼을 눌러보자.

② 세 번쯤 스크롤하면 무료로 쓸 수 있는 파이참을 다운로드 할 수 있는 버튼이 나와. 마음 편하게 파이참을 쓰고 싶다면, 이쪽에 있는 'Download' 버튼을 누르면 돼. 나는 이것을 선택했어.

잠깐! 1번이랑 2번 중에서 하나만 골라서 다운로드해야 해.

10

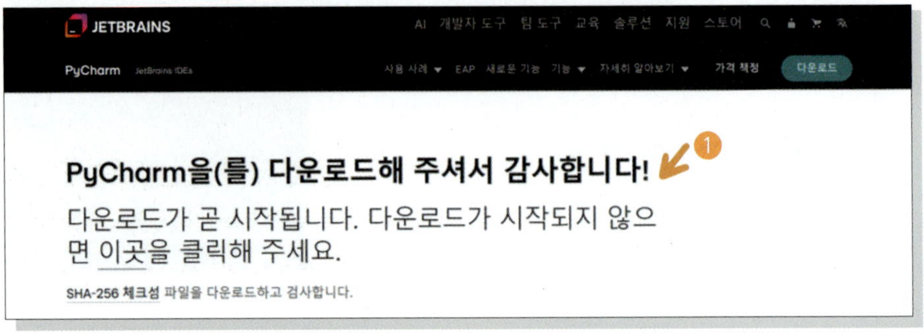

① 'Download' 버튼을 누르면 화면이 이렇게 바뀔 거야.
이 페이지를 보고 있는 동안, 파이참을 설치할 수 있는 파일이 네 컴퓨터에 내려받아지고 있어.
다운로드가 끝나면, 그 파일이 컴퓨터 어디에 저장됐는지 찾아보자. 나는 다운로드 폴더에 저장했으니까, 그쪽으로 가볼게!

11

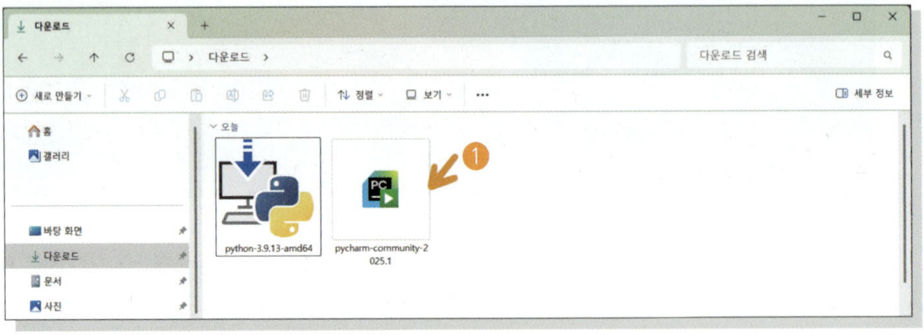

① 초록색과 파란색이 섞인 네모 안에 검은색 네모가 있고, 그 안에 PC라고 쓰여있는 아이콘이 보이지? 그걸 마우스로 딸깍딸깍 더블클릭 해줘.

12

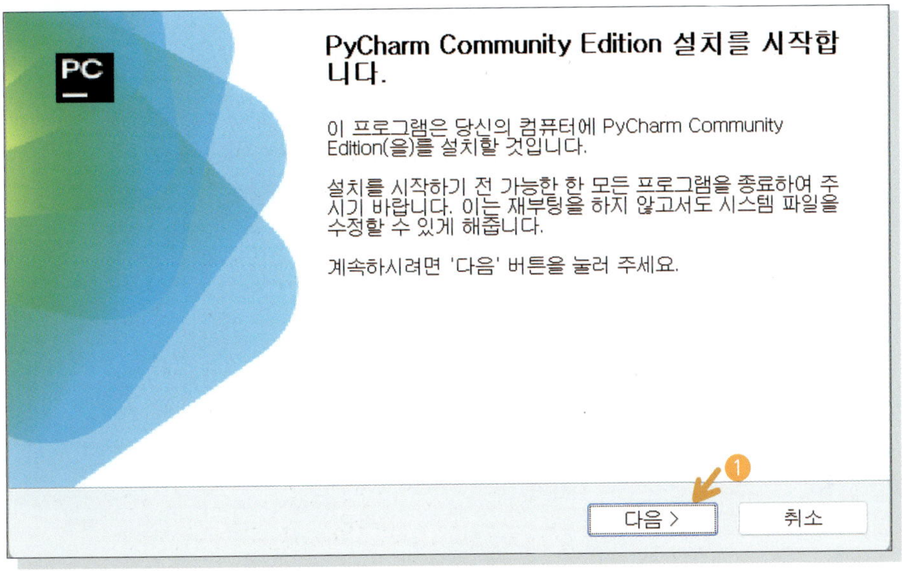

1 설치를 시작한다는 창이 뜰거야. 그럼 **'다음'** 버튼을 눌러줘.

13

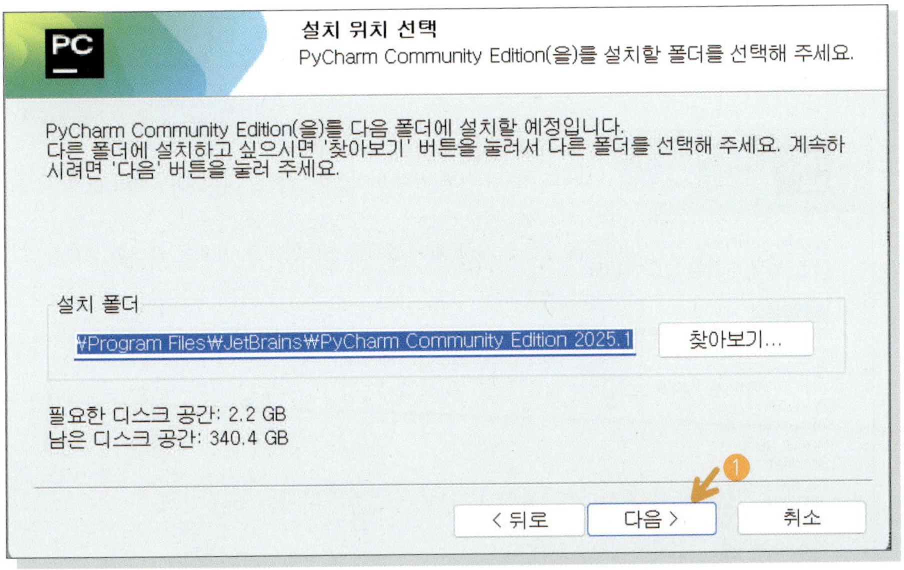

1 다음으로 파이참을 어디에 설치할지 묻는 창이 나올 거야. 여기도 그냥 **'다음'** 버튼을 눌러줘.

14

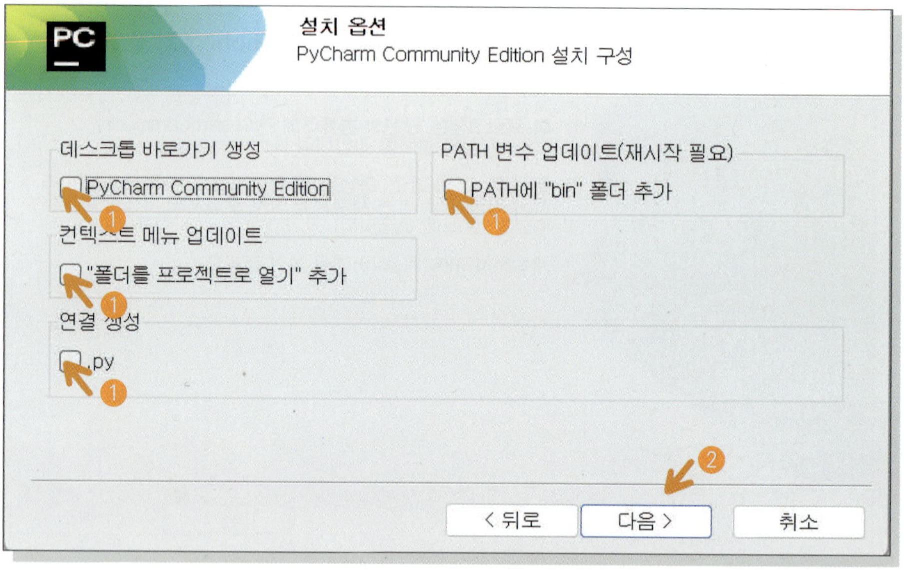

❶ '데스크톱 바로가기 생성', '컨텍스트 메뉴 업데이트', '연결 생성', 'PATH 변수 업데이트(재시작 필요)' 이 글자들 아래에 있는 작은 네모들을 클릭해서 v자 표시를 해줘.

❷ 모든 네모에 v자 표시를 했으면 '다음' 버튼을 눌러줘.

15

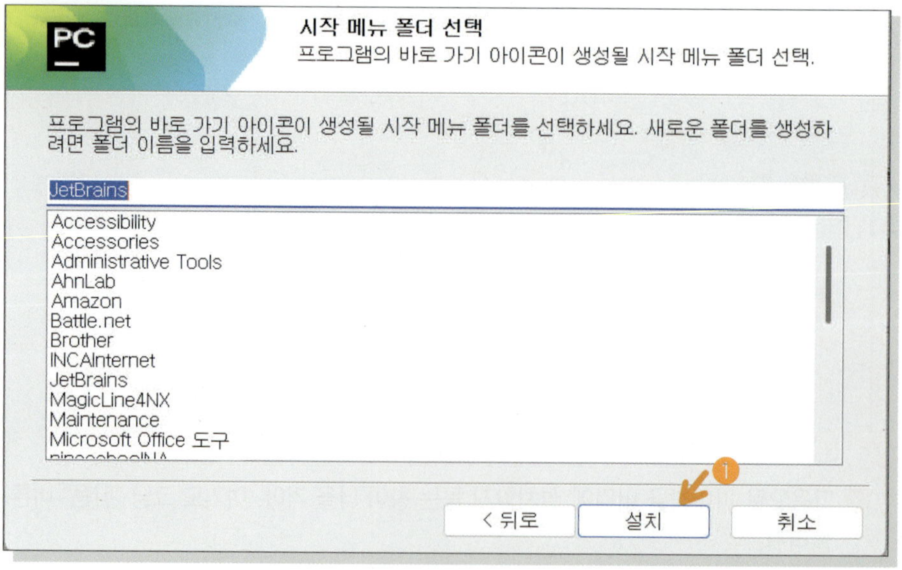

❶ '시작 메뉴 폴더 선택'이라는 창이 나왔지? 여기도 아무것도 건드리지 말고 그대로 놔둬도 돼. 그냥 아래에 있는 '설치' 버튼을 눌러줘. 그리고 잠시 기다려.

16

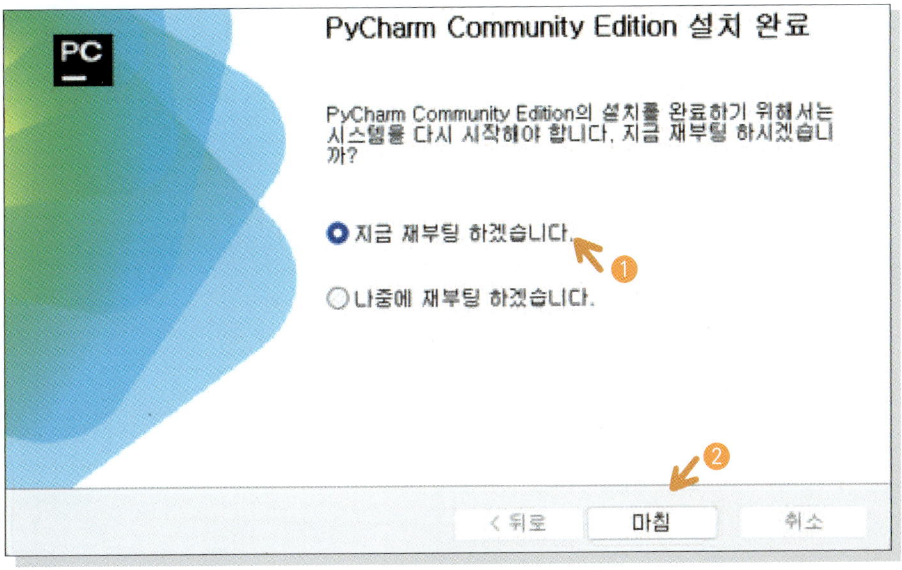

❶ 드디어 파이참 설치가 끝났어! 이제 '지금 재부팅 하겠습니다.'라는 글 옆에 파란색 동그라미가 켜져 있는지 확인해 줘.

❷ 그리고 아래에 있는 '마침' 버튼을 눌러줘. 그러면 컴퓨터가 잠깐 꺼졌다가 다시 켜질 거야! 이제 모든 설치가 다 끝났으니 파이참에서도 '안녕'이라는 말을 화면에 띄워볼까?

17

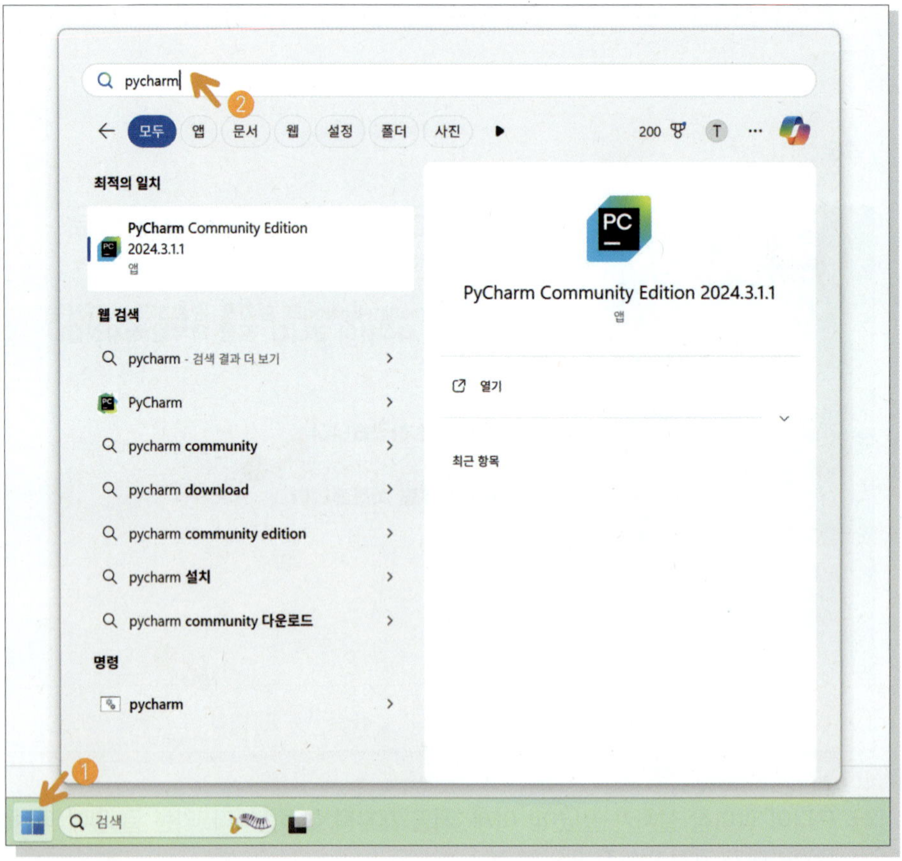

❶ 파이참을 켜보자! 파이참이 어디에 설치되어 있는지 모르겠다면, 화면 왼쪽 아래에 있는 네모 4개가 창문처럼 생긴 버튼을 눌러 줘. 이걸 '시작' 버튼이라고 해.

❷ 그러면 검색창이 나오는데, 거기에 Pycharm이라고 적고 엔터 키를 꾹 눌러 줘. 조금만 기다리면 파이참이 열릴 거야!

18

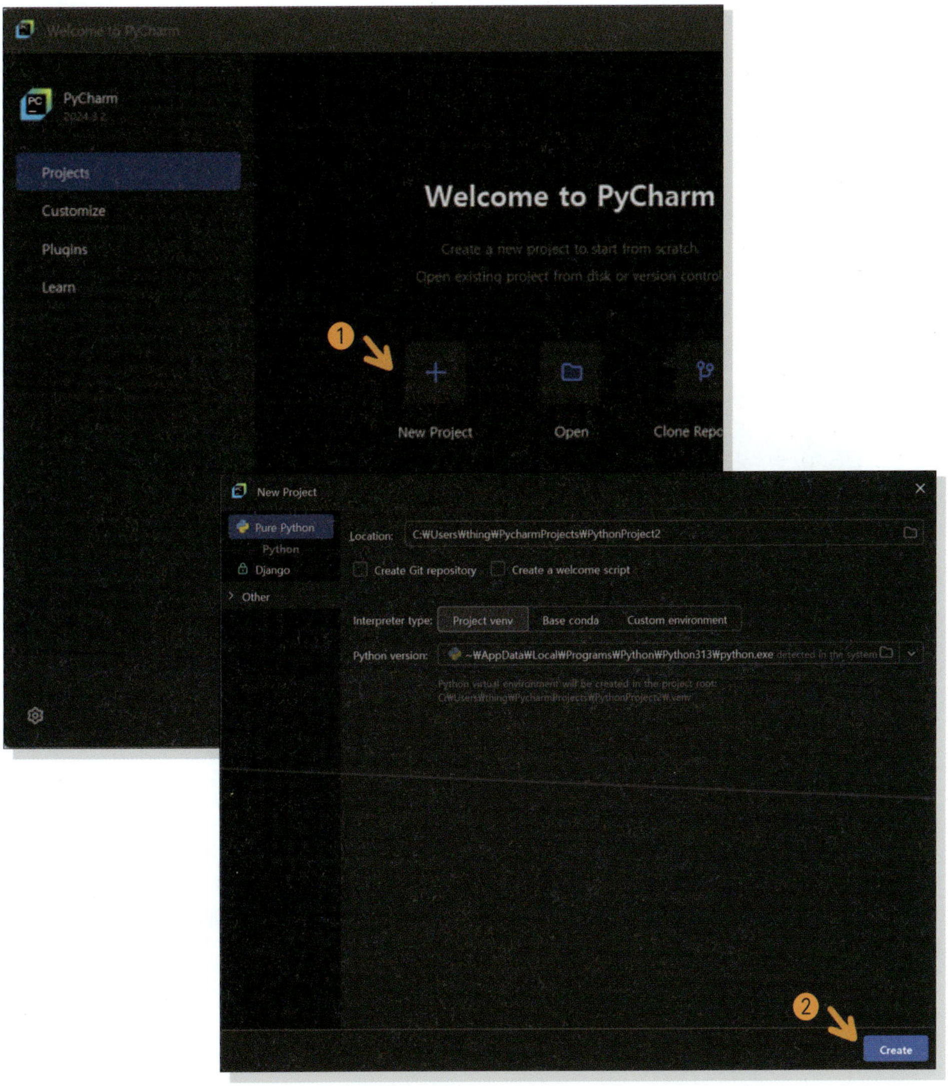

① 파이참을 실행하면 첫 화면이 나올 거야. 그 화면에서 'New Project'라는 버튼을 눌러 줘. 그러면 새로운 프로젝트가 만들어져.

프로젝트는 쉽게 말해서, **파이썬으로 만들고 싶은 프로그램이나 작업을 정리해두는 폴더**야. 예를 들어, 게임을 만들고 싶다면 '게임 프로젝트', 계산기를 만들고 싶다면 '계산기 프로젝트'처럼 말이지.

② 'New Project'를 누르면 저장 위치랑 파이썬이 설치된 경로가 보여. 그대로 두고 아래쪽에 있는 'Create' 버튼을 눌러줘. 이제 새 프로젝트가 만들어질 거야!

19

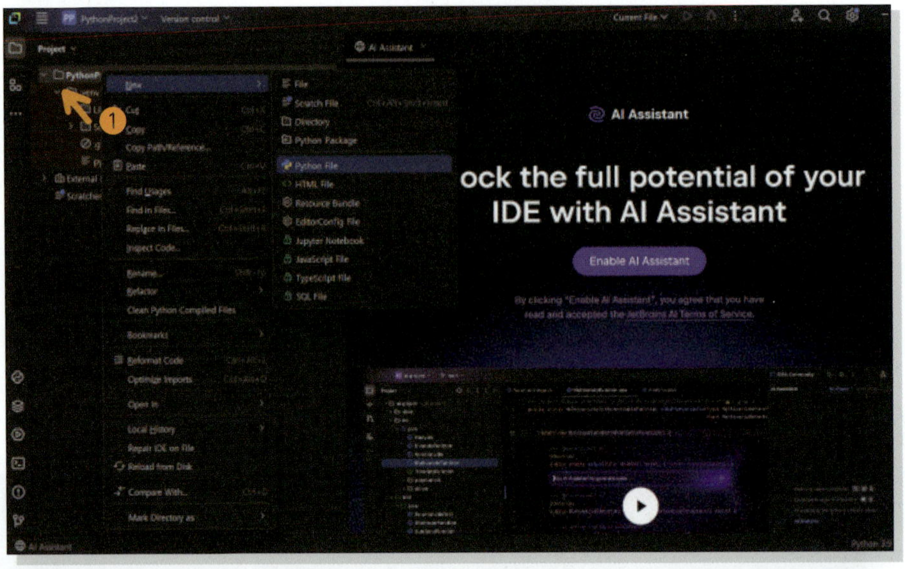

① 왼쪽에 있는 PythonProject2라는 글자 위에 마우스를 올려봐. 그 다음 마우스 오른쪽 버튼을 눌러. 이걸 우클릭이라고 해.
우클릭하니까 새로 메뉴가 뜨지? 여기서 차례로 'New', 그 다음 'Python File'을 눌러줘.

아까 새 프로젝트를 열었는데 이건 무엇을 하는 작업이냐고? **프로젝트는 큰 폴더, 파이썬 파일은 그 안에 쓰는 종이 한 장**이라고 생각하면 돼.
코딩을 시작하려면 먼저 프로젝트(폴더)를 만들고, 그 안에 파이썬 파일(종이)을 만들어서 코드를 적는 거야.

20

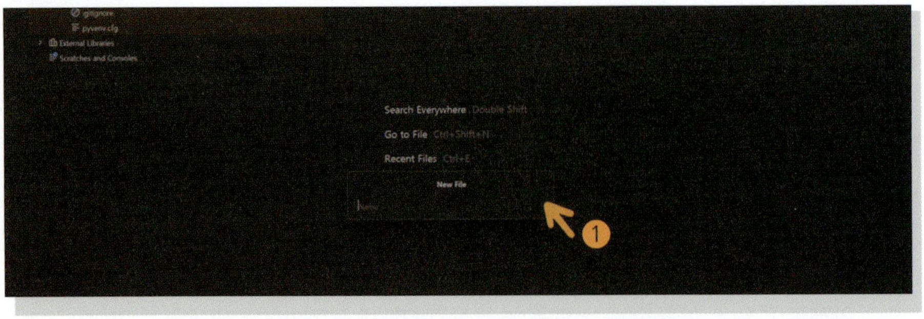

❶ 이제 새 파이썬 파일 이름을 적으라는 창이 화면 중간쯤에 나올 거야. 마음에 드는 이름을 적고 엔터를 눌러줘. 예를 들면 hello나 game1처럼 간단하게 쓰면 돼. 나는 test1이라고 적었어.

21

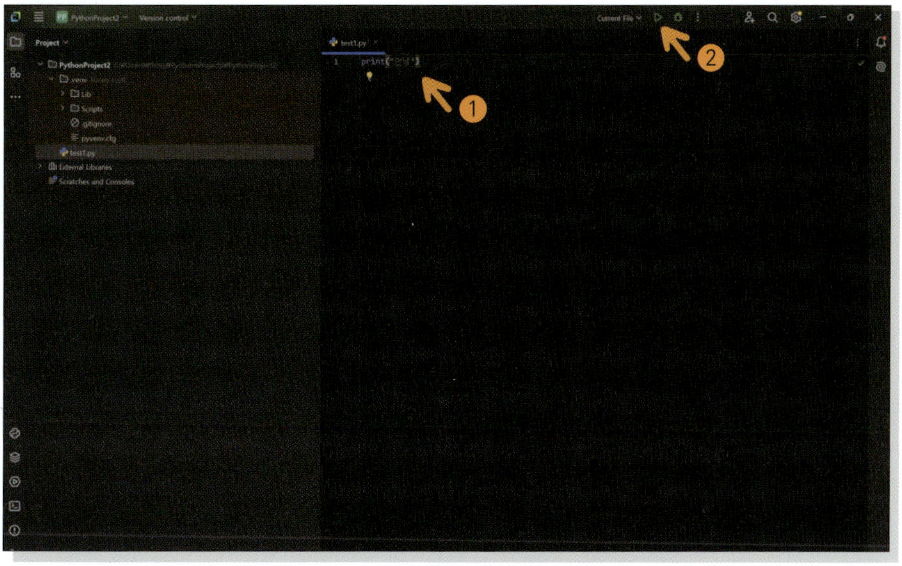

❶ print("안녕")을 회색 사각형 안에 정확히 적어줘. 코드를 더 쓰고 싶으면 엔터 키를 눌러봐. 그러면 아래에 새로운 줄이 생겨서, 그 밑에 계속 코드를 쓸 수 있어.

❷ 다 적었다면, 위쪽에 있는 세모 버튼(▶)을 눌러봐. 이게 바로 너희가 만든 파이썬 코드를 실행해 주는 버튼이야.

❸ 세모 버튼을 누르면, 화면 아래쪽에 결과가 나오는 창이 생길 거야. 여기에서 '안녕'이라는 글자가 제대로 출력됐는지 확인해보자. 잘 나왔다면, 너의 첫 번째 파이썬 코딩 성공!

준돌이의 일기

1 월 13일 화 요일 날씨 많이 추움

기돌이랑 세돌이네 놀러 갔다가, 이모부한테 딱 걸려서 파이썬을 같이 배우게 됐다. 어쩌다 보니 파이썬 프로그램도 설치하고, "안녕"이라는 말을 화면에 띄우는 코딩까지 하게 됐다.

처음엔 이렇게 썼다.

print(안녕)

...어, 왜 아무것도 안 나오지?

아! 따옴표를 꼭 써야 하는 거였구나!

print("안녕")

됐다! 화면에 "안녕"이 떴다!

완전 신기했다!

응답하라, 파이썬!

기본 코드를 익히다

그랬구나~ 진작 얘기하지! 훗훗훗

엇, 어어..

print를 알아보자

지금부터 우리는 파이썬을 본격적으로 배워볼 거야! 파이썬은 컴퓨터에게 "이걸 해줘!", "이렇게 해볼까?" 하고 명령을 내릴 수 있게 해주는 멋진 언어야.

처음엔 조금 어렵게 느껴질 수도 있어. 하지만 걱정하지 마! 하나하나 천천히 따라가다 보면 금방 익숙해질 수 있어.

이번 단원에서는 **파이썬이 어떻게 작동하는지, 그리고 기본적인 코드는 어떤 모습인지** 함께 살펴볼 거야. 여기서 우리는 print, 변수, 조건문처럼 꼭 필요한 기초 코드를 배울 거야. 이것만 알아도 재미있고 멋진 코드를 만들 수 있다구! **그럼 print부터 시작해볼까?**

print

```
print("안녕")
```

엥?
print는 영어로 '인쇄하다', '출력하다'라는 뜻인데?
컴퓨터에서 '출력'하려면 어디에 해요?

파이썬 프로그램에서 **print()라는 함수는 글자를 컴퓨터 화면에 보여주는 역할**을 해. 그래서 print()를 쓰면 내가 보고 싶은 글자가 화면에 딱! 나타나는 거야. 괄호 안에 글자를 쓸 때는 작은따옴표(' ')나 큰따옴표(" ")를 꼭 써야 해. **따옴표는 파이썬에게 "이건 글자야!" 하고 알려주는 신호야.**

함수가 뭐냐고? **함수는 컴퓨터에게 어떤 일을 시키는 특별한 이름이야.** 우리가 이름을 부르면, 컴퓨터는 이름에 따라 정해진 일을 해줘. 예를 들어, print("안녕")이라고 쓰면, 컴퓨터는 print라는 함수 이름을 보고 "아, 따옴표 안에 글자를 화면에 보여줘야 하는구나!" 하고 화면에 안녕이라는 글자를 보여줘.

Q. 연습문제

1. 컴퓨터 화면에 이런 글자가 나오게 하려면, 어떤 코드를 써야 할까?

```
안녕? 내 이름은 기돌이야.
```

2. print를 두 번 써서 첫 번째 줄에는 "안녕!", 두 번째 줄에는 "내 이름은 기돌이야."
라는 글자가 화면에 나오도록 코드를 작성해 보자.

```
안녕?
내 이름은 기돌이야.
```

3. print를 사용해서 컴퓨터에게 해주고 싶은 말을 적어 볼까?
(예시) 씩씩한 참새가 되고 싶어.

?

정답은 바로 뒤에 있어. 하지만 네 머릿속 아이디어가 훨씬 더 멋질 수 있어!
먼저 스스로 생각해 보고, 정말 어려울 때만 참고해 보자.

A. 정 답

1. 컴퓨터 화면에 이런 글자가 나오게 하려면, 어떤 코드를 써야 할까?

```
print("안녕? 내 이름은 기돌이야.")
```

2. print를 두 번 써서 첫 번째 줄에는 "안녕!", 두 번째 줄에는 "내 이름은 기돌이야." 라는 글자가 화면에 나오도록 코드를 작성해 보자.

```
print("안녕?")
print("내 이름은 기돌이야.")
```

3. print를 사용해서 컴퓨터에게 해주고 싶은 말을 적어 볼까?
(예시) 씩씩한 참새가 되고 싶어.

```
print("씩씩한 참새가 되고 싶어.")
```

데이터와 변수를 알아보자

'데이터'와 '변수'라는 말이 좀 어렵게 느껴질 수도 있어. 하지만 걱정 마! 사실은 아주 쉬운 개념이야. 여기는 파이썬에서 정말 중요한 내용이니까, 천천히 하나씩 배워보자.

데이터

1. 데이터란?

데이터는 컴퓨터가 기억하고 사용할 수 있는 정보를 말해. 우리가 말하는 이름, 나이, 좋아하는 음식, 숫자, 글자, 참/거짓 같은 것들이 다 데이터야.

그렇다고 해서 모든 정보가 다 데이터가 되는 건 아니야. 예를 들어 #%$처럼 엉뚱하고 의미 없는 기호들은 컴퓨터가 이해할 수 없기 때문에 데이터가 아니야. **컴퓨터가 알아들을 수 있는 정보여야 데이터**라고 할 수 있어.

잠깐 퀴즈!

세돌이는 "오늘 날씨는 맑지만, 기분은 꽥!"이라고 적었어요.

위 문장에서 컴퓨터가 데이터로 사용할 수 없는 정보는 무엇일까?
아래 보기 중에서 골라보자.

1) 날씨
2) 세돌
3) 맑음
4) 꽥

정답은 **4) 꽥**이야. 왜 그런 것 같니?

'꽥'은 컴퓨터가 잘 못 알아들을 것 같아요.
하지만 '날씨', '세돌', '맑음' 같은 말은 어떤 걸 나타내는 말이라서 이해할 수 있을 거예요.

맞아!
날씨와 세돌, 맑음은 모두 컴퓨터가 글자로 기억하고 이해할 수 있어. 하지만 꽥은 어떤 감정인지, 소리인지, 의미가 너무 모호해서 컴퓨터는 "이게 뭐야?" 하고 헷갈려 해. 그래서 꽥은 컴퓨터가 데이터로 사용하기 어려운 거야.

2. 데이터의 종류

데이터에도 종류가 있어. 날씨, 세돌, 맑음처럼 글자로 된 것도 있지만, 키, 몸무게처럼 숫자로 된 것도 있지. 컴퓨터는 이런 다양한 데이터를 종류별로 구분해서 기억해. 그럼 대표적인 데이터 종류 4가지를 알아볼까?

- **문자열 (string)**
  글자나 문장을 나타내는 데이터야. 컴퓨터는 문자열을 꼭 따옴표로 감싸서 기억한단다. 숫자도 따옴표가 있으면 글자로 인식하니까 주의!
  (예시) "사과", "Hello", "123"

- **정수 (integer)**
  1, 2, 3처럼 소수점이 없는 숫자를 말해. 수를 세거나 나이를 나타낼 때 사용한단다.
  (예시) 7, 0, -3

- **실수 (float)**
  1.5, 3.14처럼 소수점이 있는 숫자야. 키, 몸무게처럼 정확한 수치를 표현할 때 써.
  (예시) 2.5, 1.8, -3.2

- **불린 (boolean)**
  참(True) 또는 거짓(False)을 나타내는 특별한 데이터야. 어떤 질문에 "응, 맞아!" 또는 "아니, 틀려!"라고 말할 때 쓰지.
  (예시) True, False

잠깐 퀴즈!

아래의 데이터를 보고, 문자열, 정수, 실수, 불린 중 어떤 종류의 데이터인지 맞춰보자.

1) "토끼" → ______________________

2) 13 → ______________________

3) 3.14 → ______________________

4) False → ______________________

5) "52" → ______________________

정답은 **1) 문자열, 2) 정수, 3) 실수, 4) 불린, 5) 문자열**이야. 따옴표가 있으면 컴퓨터는 숫자도 문자열로 본다고 했지? 그래서 "토끼"와 "52"는 문자열이야. 그리고 3.14처럼 소수점이 있으면 실수, 없으면 정수야. False는 '참', '거짓' 중에 '거짓'에 해당하는 불린 데이터야.

variable / 변수

1. 변수란?

변수는 데이터를 보관할 수 있는 상자라고 생각하면 쉬워. 우리는 중요한 정보를 이 상자 안에 담아두고, 필요할 때 꺼내서 다시 사용할 수 있어.

그런데 똑같이 생긴 상자가 여러 개 있는데 이름표가 없으면 뭐가 어디에 있는지 헷갈리겠지? 그래서 **각 상자에 이름을 붙여두는 것, 그게 바로 변수 이름**이야.

정리하면 이렇게 돼.

- **변수 = 데이터를 담는 상자**
- **변수 이름 = 상자에 붙인 이름**
- **데이터 = 상자 안에 들어 있는 내용**

단, 변수 이름을 지을 때 주의할 점이 있어.

- **한글, 영어 소문자, 숫자, 밑줄(_)을 자유롭게 사용**
- **숫자로 시작하면 안 됨**
- **print처럼 파이썬에서 이미 사용하는 단어 안 됨**

'어쩔티비' 같은 말도 변수 이름으로 쓸 수 있나요?
'저쩔x2398420038492038' 같은 것도 가능한가요?
'asdf' 같은 이름은요?

하하! 다 가능해!
근데 이런 변수 이름을 쓰면 나중에 코드를 읽거나 해석할 때 좀 힘들 수 있어.

변수 이름을 조금 더 실용적으로 쓰는 방법을 예로 들어줄게.
아래 파이썬 코드를 봐. 나는 3가지 변수에 서로 다른 3종류 데이터를 넣었어.

```
name = "세돌"
age = 10
is_student = True
```

나는 name에는 세돌이라는 글자, age에는 나이라는 숫자, is_student에는 학생인지 아닌지(참/거짓)를 저장했어.

아까 배운 데이터의 종류, 기억나?

- **name에 저장한 "세돌"은 문자열**
- **age에 저장한 10은 정수**
- **is_student에 저장한 True는 불린**

그리고 "세돌"에 따옴표(" ")를 붙인 건 컴퓨터에게 "이건 글자야!" 하고 알려주는 신호야. 만약 따옴표가 없으면, 파이썬은 세돌을 변수 이름으로 착각할 수 있어!

이렇게 변수는 다양한 종류의 데이터를 저장할 수 있단다. 이 코드대로라면, 세돌이는 10살이고 학생이라는 뜻이지!

잠깐 퀴즈!

다음 중 변수 이름으로 사용할 수 없는 것이 두 개가 있어.
무엇일지 찾아보자.

1) my_name
2) 2age
3) score
4) print

정답은 **2) 2gae**와 **4) print**야. 왜 그런 것 같니?

변수 이름은 숫자로 시작하면 안 돼. 그래서 2age는 탈락! 또 print는 파이썬에서 이미 정해진 함수 이름이기 때문에 변수 이름으로 쓸 수 없어서 탈락이야.

나머지 이름들은 괜찮으니까 앞으로 변수 이름을 만들 때 참고해 보자!

2. 변수의 활용 방법

변수를 사용하면 프로그램을 훨씬 더 쉽고 편하게 만들 수 있어.

변수는 정보를 담아두는 상자라고 했지? 프로그램을 만들다 보면 같은 값을 여러 번 써야 할 때가 많은데, 이럴 때 변수를 쓰면 **한 번만 써두고 계속 꺼내 쓸 수 있어서** 아주 편리해.

나중에 그 값이 바뀌더라도, 변수 안에 저장된 값만 고치면 프로그램 전체가 자동으로 바뀌니까 **수정도 쉬워.**

그리고 변수에 이름을 붙여서 **정보를 정리해 두면 어떤 값이 뭔지 헷갈리지 않아서,** 프로그램을 만들거나 고칠 때 훨씬 더 쉽게 이해할 수 있어!

예를 들어볼까?

· 변수를 쓰지 않은 경우

```
print("이름:", "세돌")
print("나이:", 10)
print("좋아하는 음식:", "쌀밥과 김치")

print("안녕, 세돌!")
print("너는 10살이고, 쌀밥과 김치를 좋아하는구나.")
print("세돌, 오늘도 좋은 하루 보내!")
```

· 변수를 쓴 경우

```
name = "세돌"
age = 10
food = "쌀밥과 김치"

print("이름:", name)
print("나이:", age)
print("좋아하는 음식:", food)

print("안녕,", name + "!")
print("너는", age, "살이고,", food, "를 좋아하는구나.")
print(name + ", 오늘도 좋은 하루 보내!")
```

세돌이에 대한 정보를 준돌이로 바꾸려면, 주황색 화살표로 표시한 부분을 모두 바꿔야 해. **변수 없이 쓴 코드에서는 모든 줄의 내용을 직접 바꿔야 해서** 실수할 수 있고 번거로워.

하지만 **변수를 사용한 코드에서는 변수 값만 바꾸면**, 나머지 코드는 그대로 두어도 자동으로 변경돼서 훨씬 쉽고 안전해.

Q. 연습문제

1. 아래 코드를 보고, 각 변수 안에 어떤 데이터가 들어 있는지 적어 보자.

```
name = “세돌”
age = 10
favorite_food = “쌀밥과 김치”
```

변수 이름	**데이터**
name	
age	
favorite_food	

2. 아래 빈칸을 채워서, 너에 대한 데이터를 변수에 담아보자!

```
my_name = “______________________”
my_hobby = “______________________”
```

3. 아래 빈칸에 print 함수를 써서, 내가 만든 변수를 출력해 보자.

```
name = “세돌”
print(__________________________)
```

정답은 바로 뒤에 있어. 하지만 네 머릿속 아이디어가 훨씬 더 멋질 수 있어!
먼저 스스로 생각해 보고, 정말 어려울 때만 참고해 보자.

A. 정 답

1. 아래 코드를 보고, 각 변수 안에 어떤 데이터가 들어 있는지 적어 보자.

```
name = "세돌"
age = 10
favorite_food = "쌀밥과 김치"
```

변수 이름	데이터
name	"세돌"
age	10
favorite_food	"쌀밥과 김치"

2. 아래 빈칸을 채워서, 너에 대한 데이터를 변수에 담아보자!

```
my_name = "세돌"
my_hobby = "레고 조립"
```

3. 아래 빈칸에 print 함수를 써서, 내가 만든 변수를 출력해 보자.

```
name = "세돌"
print(name)
```

↓ 세모 버튼(▶)을 누르면

```
세돌
```

if를 알아보자

조건문은 '만약 ~라면 ~을 하라'고 컴퓨터에게 알려주는 문장을 말해. 우리가 일상에서 "만약 비가 오면 우산을 써라"라고 말하는 것과 비슷하지? 컴퓨터에게도 이렇게 **상황에 따라 다르게 행동하게 만드는 방법**이 필요한데, 그 역할을 하는 게 바로 조건문이야.

파이썬에서는 조건문을 만들 때 if라는 특별한 말을 사용해. if는 "만약 ~라면"이라는 뜻을 가진 말인데, 컴퓨터가 어떤 조건을 확인하고 그 조건이 맞을 때만 특정한 명령을 실행하도록 도와줘. 이렇게 하면 프로그램이 스스로 판단해서 똑똑하게 행동할 수 있다구.

조건문의 기본 구조

조건문은 보통 다음과 같은 구조로 작성해.

```
if 조건:
    조건이 참(True)일 때 실행할 코드
```
들여쓰기

- **if 다음에 조건을 적고, 콜론(:)을 붙여.**
- **그 다음 줄부터는 들여쓰기(보통 스페이스 4칸)를 해서 조건이 참일 때 실행할 코드를 써.**
- **조건이 참(True)이면 들여쓰기 된 코드를 실행하고, 거짓(False)이면 실행하지 않아.**

조금 헷갈리지? 그럼 직접 예를 들어서 설명해 볼게!

변수에 어떤 숫자를 넣었을 때, 그 숫자가 12보다 크면 컴퓨터가 "숫자가 12보다 큽니다."라고 출력하는 코드를 만들어보자.

```
number = 13

if number > 12:
    print("숫자가 12보다 큽니다.")
```

이제 코드의 각 줄을 하나씩 천천히 살펴보자.

→ **number = 13**
변수 number에 정수 데이터 13을 저장했어.

→ **if number > 12:**
만약 number가 12보다 크면,

→ **print("숫자가 12보다 큽니다.")**
"숫자가 12보다 큽니다."를 출력하라고 시킨거야.

우리가 변수에 저장한 숫자 13은 12보다 크기 때문에, 조건이 참(True)이 되었어. 그래서 컴퓨터는 print 문을 실행해서 "숫자가 12보다 큽니다."라고 말한 거야.

만약 숫자가 12보다 작았다면, 조건이 거짓(False)이 되어서 컴퓨터는 print 문을 실행하지 않았을 거야.

이게 바로 조건문의 기본 구조야!

"조건이 맞으면 실행하고, 아니면 넘어간다!"

쉽게 말하면 이렇게 기억하면 돼.

이건 마치,
"숙제를 다 하면 초코케이크를 주겠다"는 엄마의 말과 같네!
엄마의 말이 조건문일 줄이야!

elif와 else 사용하기

친구랑 만나기로 한 날이야. 너희는 오늘 뭘 먹을지 고민하고 있었어.

먼저 친구가 말했어.
"우리 피자 먹을까?"
하지만 너는 피자가 그렇게 먹고싶지 않았어.

그래서 너도 말했지.
"음… 그럼 햄버거는 어때?"
근데 친구도 햄버거가 별로인 눈치였어.

피자도 아니고 햄버거도 별로라면 무엇을 먹을까 한참 고민한 끝에 결국 너희는 떡볶이를 먹으러 가기로 했어.

이게 바로 if, elif, else를 사용하는 상황이야.

뜨헉!
이런 것도 파이썬 코드가 된다고?!!

그러~엄! 살다 보면 조건이 하나만 있는 경우보다, **여러 가지 조건 중에서 선택**해야 하는 일이 훨씬 많아. 이럴 때 if만 계속 쓰면 코드가 복잡하고 헷갈릴 수 있어. 그래서 파이썬에서는 이렇게 조건을 나눌 수 있도록 만들어져 있어.

- **if : 만약 이런 조건이라면 이렇게 하자.**
- **elif : 그게 아니라면 이런 조건일 때 이렇게 하자.**
- **else : 앞의 조건이 모두 아니라면 이렇게 하자.**

이렇게 쓰면 컴퓨터가 여러 가지 경우를 차례로 판단해서, 알맞은 행동을 하게 만들 수 있어.

앞서 이야기한 피자, 햄버거, 떡볶이의 예를 파이썬으로 표시한다면,

```
menu = "떡볶이"

if menu == "피자":
   print("좋아! 피자 먹자!")
elif menu == "햄버거":
   print("햄버거도 괜찮아!")
else:
   print("그럼 떡볶이 먹자!")
```

이 코드를 실행하면 어떤 문장이 나올지 궁금하지?
참, 들여쓰기는 꼭 지켜야 해!

다 썼으면 구글 코랩이나 파이참을 열고, 위 코드를 입력한 뒤 세모 버튼(▶)을 눌러 실행해 보자.

코드를 실행해봤니?

아마 다들 결과가 이렇게 나왔을 거야. 그 이유는 menu에 넣은 "떡볶이"가 if나 elif 조건과 맞지 않아서, 마지막 else가 실행된 거란다.

```
그럼 떡볶이 먹자!
```

아빠, 코드에 오타가 있어요!
'같다(=)'라는 기호가 두 번씩 쓰였어요!

하하하!
'같다(=)'라는 기호가 두 번이나 쓰여 있는 게 이상하게 보이지?
하지만 그건 오타가 아니란다.

파이썬 같은 프로그래밍 언어에서는 '=' 기호의 뜻이 수학 시간과는 좀 달라.

· = 한 개는 값을 저장하는 기호야.

오른쪽에 있는 데이터를 왼쪽의 변수에 넣는다는 뜻이지.
이건 "떡볶이"라는 데이터를 menu라는 변수에 넣으라는 거야.

```
menu = "떡볶이"
```

· == 두 개는 같은지 비교하는 기호야.

두 값이 진짜로 같은지 확인할 때 사용하는 거지.
이건 menu에 담긴 값이 "피자"랑 같은지 물어보는 것이야.

```
if menu == "피자":
```

이렇게 =와 ==는 생긴 건 비슷하지만, 하는 일이 완전히 달라. 헷갈리지 않도록 꼭 기억해 두자!

잠깐 퀴즈!

Q. 아래 코드는 어떤 의미일까? 세모 버튼(▶)을 누르면 어떤 결과가 나올까?

```
비가_온다 = True

if 비가_온다:
    print("우산을 가져가요!")
```

이 코드를 같이 살펴보자.

→ 비가_온다 = True

"비가 온다"라는 변수에 True(참)를 저장하라는 뜻이야.
다시 말하면, 지금은 비가 오고 있다는 뜻이지.

→ if 비가_온다:
“만약에 비가 온다면?”이라는 뜻이야.
if가 조건을 확인하는 역할을 하는거, 기억하지?

→ print(“우산을 가져가요!”)
if의 조건이 참(True)이면, 이 줄이 실행돼.
지금은 비가 오니까 “우산을 가져가요!”라는 문장이 화면에 나타나겠지?

어때, 슬슬 컴퓨터랑 대화하는 게 재밌어지지?
더 다양한 조건과 상황을 넣어서 코드를 만들어볼까?

잠깐 퀴즈!

Q. 비가 오면 우산을 가져가고, 비가 오지 않으면 모자를 쓰는 코드를 만들어 보자.

?

아! 알 것 같아요!
비가 오는지 안 오는지를 변수에 넣고,
if로 조건을 걸면 되는 거죠?

그래! 바로 그거야!

<힌트>

```
비가_온다 = True

if ...
    print(...)
else:
    print(...)
```

“비가_온다”라는 변수에 True를 넣었다는 건 지금 비가 오고 있다는 뜻이야.
그렇다면 if문에는 ‘비가 온다면’ 어떻게 할지 조건을 넣으면 되고,
else문에는 ‘비가 오지 않는다면’ 어떻게 할지 조건을 넣으면 되겠지?

```
비가_온다 = True

if 비가_온다:
    print("우산을 가져가요!")
else:
    print("모자를 써요!")
```

앞의 코드에 else 하나만 추가됐을 뿐인데 훨씬 복잡하게 느껴졌지? 처음엔 누구나 그렇게 느껴. 하지만 조금만 연습하면 파이썬의 말하는 방식에 금방 익숙해질 거야.

응?
"모자를 써요!"라는 문장이 나오게 하고 싶다고?
그럼 비가 오지 않으면 되지!

첫 줄만 이렇게 바꿔봐.

→ 비가_온다 = False

그러면 컴퓨터는 "아~ 비가 안 오는구나!" 하고 else 부분을 실행하게 될 거야.
위 코드를 입력하고 세모 버튼(▶)을 누르면 **"모자를 써요!"**라는 말이 나오지?

숫자 계산에 if 쓰기

좋아, 이제 우리가 배운 if를 숫자 계산에도 써보자!
예를 들어 어떤 수가 짝수인지 홀수인지, 두 수 중 어떤 게 더 큰지 같은 것도 if를 사용하면 컴퓨터가 똑똑하게 판단해줄 수 있어.

이번에는 덧셈, 뺄셈, 곱셈, 나눗셈 같은 기본 계산과 함께 if를 사용하는 코드를 만들어보자.

먼저 두 수를 곱한 결과가 어떤 값보다 큰지 비교해보는 프로그램을 만들어볼까?
다음 장에 있는 코드를 살펴보자.

· 두 수를 곱한 결과가 280보다 큰지 확인하는 코드

```
num1 = 20
num2 = 15

if num1 * num2 > 280:
    print("두 숫자의 곱이 280보다 큽니다.")
else:
    print("두 숫자의 곱이 280보다 크지 않습니다.")
```

→ **num1 = 20**
num2 = 15
num1과 num2라는 두 개의 변수에 숫자를 저장하고,

→ **if num1 * num2 > 280:**
print("두 숫자의 곱이 280보다 큽니다.")
두 수를 곱한 값이 280보다 크면 이 문장을 출력해.

→ **else:**
print("두 숫자의 곱이 280보다 크지 않습니다.")
두 수를 곱한 값이 280보다 같거나 작으면 이 문장을 출력하지.

이제 숫자를 바꿔보면서 결과가 어떻게 달라지는지 직접 실험해 보면 더 재미있을 거야!

그렇다면…
98473588734897598 곱하기 498375872837493875…
케케케

저거 계산하면 당연히 280 넘지 않을까?!

즐거워 보이니까 그냥 놔두자;;

· 어떤 수가 홀수인지 짝수인지 확인하는 코드

이번엔 어떤 숫자가 홀수인지 짝수인지 컴퓨터가 판단해주는 코드를 만들어보자.

if문과 나눗셈을 이용하면 쉽게 확인할 수 있어. 참고로 **파이썬에서 % 기호는 나눗셈을 하고 남은 나머지를 알려주는 표시야.**

```
num = 7

if num % 2 == 1:
   print("홀수입니다.")
else:
   print("짝수입니다.")
```

→ **num = 7**
num에 7이라는 정수 데이터를 저장하라는 뜻이야.

→ **if num % 2 == 1:**
print("홀수입니다.")
num % 2는 num을 2로 나눈 뒤 나머지가 얼마인지 알려주는 거야.
==는 두 값이 같은지 비교하는 기호였지?
그래서 num % 2 == 1은 "num을 2로 나눈 나머지가 1이니?" 하고 묻는 조건이 되는 거야.
나머지가 1이면 홀수니까, "홀수입니다."라고 출력하도록 한 거지.

→ **else:**
print("짝수입니다.")
반대로, 2로 나누었을 때 나머지가 0이면 그 숫자는 짝수야.
그래서 "짝수입니다."라고 출력하면 되는 거지.

그렇다면…
num = 8344567747365783…

그냥 놔두자;;

✔ 잠깐 퀴즈!

Q. 두 수를 더한 뒤, 그 합에 20을 곱하고, 그 결과를 3으로 나눈 값이 4 이상인지 확인하는 코드를 만들어보자. 아래 결과 화면을 참고해보자.

```
계산 결과가 4 이상이에요.
```

어? 이거 수학 문제잖아!
엄마가 항상 문제를 꼼꼼히 읽으라고 하셨어!

맞아, 이 문제가 좀 복잡하지?
나는 이렇게 한번 짜봤어.

```
a = 1
b = 2

total = a + b
multiplied = total * 20
result = multiplied / 3

if result >= 4:
   print(“계산 결과가 4 이상이에요.”)
else:
   print(“계산 결과가 4보다 작아요.”)
```

어디 보자...
a가 1, b가 2이니까

total = 1 + 2 = 3

multiplied = 3 × 20 = 60

result = 60 ÷ 3 = 20

와! 정답은 20이네!

우리 준돌이, 진짜 똑똑하네!

준돌이가 계산한 대로 이 코드를 실행하면 결과값은 20이야.
20은 4보다 크니까 **“계산 결과가 4 이상이에요.”**가 출력되지.

어렵지 않지?

그런데 아빠!
크다, 작다, 같다 표시가 이상해!

아하, 크다, 작다, 같다 표시가 좀 이상하게 보이지?

그 이유는 파이썬에서 크고 작음을 나타내는 기호가 수학 시간에 배운 것과 조금 다르기 때문이야.
파이썬에서는 ‘크거나 같다’를 >= 이렇게 쓰고, ‘작거나 같다’는 <= 이렇게 표현한단다.

이왕 이야기가 나온 김에, 파이썬에서 크기를 나타내는 방법을 정리해볼까?

· 파이썬에서 크기와 비교를 나타내는 기호

의미	기호	예시	설명
크다	〉	5 〉 3	5가 3보다 크면 True
작다	〈	2 〉 7	2가 7보다 작으면 True
크거나 같다	〉=	5 〉= 5	5가 5 이상이면 True
작거나 같다	〈=	3 〈= 4	3이 4 이하이면 True
같다	==	6 == 6	6과 6이 같으면 True
같지 않다	!=	3 != 5	3과 5가 같지 않으면 True

input과 함께 사용하기

지금까지는 우리가 코드 안에 직접 값을 넣으면, 컴퓨터가 그걸 보고 판단했지?
그런데 이번에는 조금 다르게 해볼 거야.

input이라는 기능을 쓰면, 컴퓨터가 먼저 우리에게 질문을 하고, 우리가 직접 답을 입력할 수 있어. 이렇게 하면 마치 컴퓨터와 대화하는 것 같겠지?!

그럼 이제, 컴퓨터와 대화하는 코딩을 한 번 시작해볼까?

먼저 input에 대해 알아보자!
input()은 컴퓨터가 우리에게 질문을 하고, 우리가 대답할 수 있게 도와주는 함수야.

예를 들어, 컴퓨터가 "너는 몇 살이니?" 하고 물어보면, 네가 직접 숫자를 입력하는 코드를 만들어 볼 수 있어.

```
age = input("너는 몇 살이니?")
```

위 코드를 입력하고 세모 버튼(▶)을 누르면, 아래 결과 화면처럼 컴퓨터가 "너는 몇 살이니?"라고 물어보고, 너는 숫자를 입력할 수 있어.

그럼 네가 입력한 숫자가 age라는 이름의 변수에 저장되는 거야!

```
너는 몇 살이니? |
```

나는 78927348…

그만해;;

하하!! 우리 세돌이, 여전히 장난꾸러기구나!

참!! 여기서 주의할 점!

input()으로 받은 값은 항상 문자열 데이터로 저장돼.
하지만 나이는 숫자잖아? 지금은 상관없지만, 나중에 숫자끼리 계산하거나 할 때는 문자열을 숫자로 꼭 바꿔줘야 해!

그럴 때 쓰는 도구가 바로 **int()**야.
이건 **"글자를 정수 숫자로 바꿔줘!"** 라는 뜻이야.

예를 들어, 이렇게 쓰면

```
age = int(input("너는 몇 살이니?"))
```

우리가 입력한 글자(예: "13")가 숫자 13으로 바뀌어서 age에 저장되는 거야.
이제 숫자 계산도 문제없겠지?

· input과 if문으로 코드 짜보기

좋아! 지금까지 배운 내용을 하나로 모아볼 시간이야.

input으로 나이를 직접 입력받고, if, elif, else 조건문을 이용해 그 나이에 따라 초등학생인지, 중학생인지, 고등학생인지, 어른인지 판단해보는 코드를 만들어보자.

초등학생, 중학생, 고등학생, 어른은 나이를 기준으로 나누는 거지?

초등학생은 8살부터 13살까지 맞지?
그럼 중학생은 14살부터 16살,
고등학생은 17살부터 19살,
그리고 20살 이상이면 어른이네!

방금 준돌이가 말한 것처럼, 나이를 기준으로 ‘8보다 크고 13보다 작으면 초등학생이다’ 라고 코드를 짤 수 있어.
하지만 시선을 바꿔서 ‘20살부터는 어른이다’라고 먼저 조건을 쓰면 훨씬 간단하게 코드를 짤 수 있지.

이렇게 말이야!

```
age = int(input(“너는 몇 살이니?”))

if age >= 20:
   print(“어른입니다.”)
elif age >= 17:
   print(“고등학생입니다.”)
elif age >= 14:
   print(“중학생입니다.”)
else:
   print(“초등학생입니다.”)
```

이렇게 코드를 입력하고 세모 버튼(▶)을 눌러봐.
그러면 “너는 몇 살이니?”라는 질문이 나오고, 네가 숫자를 입력하면 그에 따라 아래처럼 결과가 출력될 거야.

```
너는 몇 살이니? 10
초등학생입니다.
```

어때?
파이썬, 점점 재미있어지고 있지?

잠깐 퀴즈!

Q. input과 if를 사용해서 재미있는 모험 이야기를 만들어볼까? 앞에 두 갈래 길이 있어. 이제 어떤 길로 갈지 네가 직접 선택해야 해. 아래의 결과 화면을 참고해서 왼쪽, 오른쪽 갈래길을 선택하게 해보자.

```
당신 앞에 두 갈래 길이 있습니다. 왼쪽과 오른쪽, 어느 쪽으로 갈까요? 왼쪽
왼쪽으로 가니 조용한 숲이 나왔어요.
```

힌트를 줄게!

<힌트>

· input() 함수를 사용해서 사용자에게 어느 방향으로 갈지 물어보자.

· 사용자가 입력한 방향 데이터를 변수에 저장해야 해.

· if문을 써서 사용자가 입력한 방향 데이터가 왼쪽일 때와 오른쪽일 때 어떤 일이 일어나면 재미있을지 상상해서 적어보자.

· 만약 잘못된 값을 입력하면 else를 이용해서 "그 길은 없는 길이에요." 같은 문장을 출력해도 좋겠지?

와아!
모험 이야기다, 모험 이야기!!

왼쪽으로 가면 어떤 일이 일어나고,
오른쪽으로 가면 또 어떤 일이 생기면 좋을까?

어.. 음.. 얘들아?
코드 생각도 하고 있는거지? ;;

파이썬 프로그램을 이용해서 내가 만든 코드가 제대로 작동하는지 확인해보자.
나는 이렇게 코드를 짜봤어!

```
path = input(
"당신 앞에 두 갈래 길이 있습니다. 왼쪽과 오른쪽, 어느 쪽으로 갈까요?"
)

if path == "왼쪽":
    print("왼쪽으로 가니 조용한 숲이 나왔어요.")
elif path == "오른쪽":
    print("오른쪽으로 가자 무시무시한 동굴이 나타났어요!")
else:
    print("그 길은 없는 길이에요. 다시 골라보세요!")
```

```
당신 앞에 두 갈래 길이 있습니다. 왼쪽과 오른쪽, 어느 쪽으로 갈까요? 오른쪽
오른쪽으로 가자 무시무시한 동굴이 나타났어요!
```

random과 함께 사용하기

이번에는 input, if, 그리고 random이라는 새로운 친구까지 함께 써볼 거야!

random은 '무작위'라는 뜻이야. 즉, 컴퓨터가 어떤 값을 아무렇게나 골라주는 기능이지. 예를 들어, 1부터 10까지 숫자 중 하나를 랜덤으로 고르거나, 동전 던지기처럼 앞면이나 뒷면 중 하나를 골라줄 수도 있어.

여기에 input을 사용하면, 컴퓨터가 무작위로 고른 값에 대해 우리가 직접 대답할 수 있게 돼. 그리고 if를 사용하면, 그 대답이 맞았는지 틀렸는지 컴퓨터가 판단할 수 있지!

이렇게 세 가지를 함께 쓰면, 진짜 게임처럼 작동하는 코드를 만들 수 있어.

그럼 이제, random을 활용해서 재미있는 코딩을 시작해 보자!

먼저 아래의 코드를 똑같이 따라적어보자.

```
import random

number = random.randint(1, 5)

print("컴퓨터가 고른 숫자는:", number)
```

처음 보는 코드들이 눈에 띄지?

먼저 random 앞에 붙은 import부터 설명할게. **import는 파이썬에게 "도구 상자를 꺼내와!"라고 말하는 명령어야.** print처럼 자주 쓰이는 기능은 파이썬에 기본으로 들어 있어서 그냥 써도 되지만, random처럼 특별한 기능은 도구 상자를 먼저 꺼내와야 사용할 수 있어.

random을 쓰고 싶다는 거지?
알았어!
그럼 내가 도구 상자를 꺼내올게!

고마워~
덕분에 random을 쓸 수 있겠어!

random이라는 도구 상자 안에는 컴퓨터가 무작위로 숫자나 값을 고르는 다양한 기능이 들어 있어. 그 중 random.randint(1, 5)는 1부터 5까지의 정수 중에서 하나를 랜덤으로 골라달라는 뜻이야. 여기서 "정수"는 1, 2, 3처럼 소수점이 없는 딱 떨어지는 숫자를 말해.

자, 이제 코드를 입력하고 세모 버튼(▶)을 눌러봐.
네 컴퓨터는 어떤 숫자를 골랐을까?

```
컴퓨터가 고른 숫자는: 1
```

· 숫자 맞추기 게임

이번에는 본격적으로 random을 활용해 보자! 컴퓨터가 랜덤으로 고른 숫자를 직접 맞춰보는 간단한 숫자 맞추기 게임을 만들어 볼 거야.

```
import random

number = random.randint(1, 10)
guess = int(input("1부터 10 사이의 숫자를 맞혀보세요: "))

if guess == number:
   print("정답입니다!")
else:
   print(f"틀렸어요! 정답은 {number}였습니다.")
```

앞에서 나온 코드를 한 줄씩 천천히 읽어봤니? else까지 무리 없이 이해했다면 정말 잘하고 있는 거야! 혹시 조금 어렵게 느껴졌다면, 지금부터 내가 하나씩 다시 설명해줄게.

→ **import random**
random이라는 도구를 사용하려고 컴퓨터에게 꺼내 달라고 했어.

→ **number = random.randint(1, 10)**
컴퓨터가 1부터 10 사이의 숫자(정수) 중에서 하나를 랜덤으로 골라서,
그 숫자를 number라는 변수에 저장하라는 뜻이야.

→ **guess = int(input("1부터 10 사이의 숫자를 맞혀보세요: "))**
여기는 우리가 직접 숫자를 입력할 수 있게 해주는 부분이야.
input()으로 글자를 입력받고, int()를 써서 숫자(정수)로 바꿔줘.

→ **if guess == number:**
print("정답입니다!")
만약 우리가 입력한 숫자(guess)가 컴퓨터가 고른 숫자(number)와 같다면
"정답입니다!"라고 알려줘.

→ **else:**
print(f"틀렸어요! 정답은 {number}였습니다.")
만약 숫자가 다르면, else가 실행돼.
틀렸다고 말하고, 컴퓨터가 골랐던 정답을 알려줘!

어? 이모부!
여기 print에 f랑 {number}은 뭐예요?

이건 파이썬에서 아주 유용하게 쓰이는 꿀팁이야!
지금부터 그게 뭔지 쉽게 알려줄게!

print 괄호 안에 f는 "포맷 문자열"이라고 불리는 기능이야. 간단히 말하면, 문장 안에 변수 값을 넣을 수 있게 해주는 도구야. 변수를 넣을 때는 중괄호 { }를 사용하면 돼.

예를 들어, 녹갈색 네모에 있는 코드를 입력하고 세모 버튼(▶)을 누르면, 하늘색 네모와 같은 결과가 나와.

```
number = 7
print(f"틀렸어요! 정답은 {number}였습니다.")
```

```
틀렸어요! 정답은 7였습니다.
```

전에 배운 방법으로 같은 결과를 내려면 이렇게 써야 하지.

```
print("틀렸어요! 정답은" + str(number) + "였습니다.")
```

이 두 줄의 print 코드를 비교해 보면, 위에 있는 코드가 훨씬 간단하고 보기 쉽지?

앞으로 문장 안에 변수를 넣을 일이 생기면, 앞에 f를 붙이는 포맷 문자열(f-string)을 꼭 활용해보자! 훨씬 깔끔하고 편리하게 코드를 쓸 수 있을 거야!

응? 두 번째 코드에 str이라는 게 있네?
이건 또 뭐야?

str은 데이터를 문자열로 바꿔주는 도구야.

예를 들어 "틀렸어요! 정답은"과 "였습니다."는 글자(문자열)야. 그런데 number는 숫자(정수)지? 파이썬에서는 숫자랑 글자를 그냥 더할 수 없어.

그래서 number를 str()로 감싸서 글자로 바꿔준 다음, 앞뒤 문장과 이어붙여서 출력한 거야!

int는 글자를 숫자로 바꿔주는 거잖아.
그럼 str이랑 int는 서로 반대 역할을 하는 거네?

아닛, 우리 세돌이!
파이썬 천재 아냐?!

· 운세 뽑기 게임

자, 이번에는 if와 random을 활용해서 운세를 뽑는 코드를 만들어보자.
물론 진짜 운세는 아니고, 우리가 직접 정한 문장들 중에서 무작위로 하나가 나오는 재미있는 코드야.
마치 뽑기 놀이처럼 말이지.

너희들의 오늘 운세로 어떤 문장이 나올지 궁금하지?

힌트를 주자면, 컴퓨터가 random으로 숫자를 하나 뽑고, if문을 사용해서 그 숫자에 따라 다른 운세를 출력하면 돼.
예를 들어 숫자가 1이면 '오늘은 최고의 하루!', 2면 '좋은 일이 생길지도?'처럼 숫자마다 다른 문장을 준비하면 되는 거지.

자, 그럼 이제 내가 만든 코드를 같이 확인해볼까?

```
import random

luck = random.randint(1, 3)

if luck == 1:
   print("좋은 친구를 만나게 될 거예요!")
elif luck == 2:
   print("크게 웃을 일이 생길 거예요!")
else:
   print("맛있는 걸 먹게 될 거예요!")
```

→ **import random**

random이라는 도구 상자를 꺼내오는 코드야.

→ **luck = random.randint(1, 3)**

random.randint(1, 3)은 1, 2, 3 중에서 하나의 숫자를 무작위로 골라주는 함수야. 그 숫자를 luck이라는 변수에 저장했어. 즉, luck은 지금 컴퓨터가 뽑은 숫자를 담고 있는 상자야!

→ **if luck == 1:**
print("오늘은 행운이 가득할 거예요!")

만약 컴퓨터가 뽑은 숫자가 1이라면, if 조건에 맞아서 "오늘은 행운이 가득할 거예요!"라는 문장이 출력돼.
그 다음 elif와 else도 같은 원리야. 숫자가 2이면 두 번째 문장이, 그 외에는 마지막 문장이 출력되는 거지!

그런데 말이야, 너희 혹시 알고 있었어? 앞에서 만든 코드를 if문 없이도 만들 수 있는 방법이 있어! 놀랍게도 random만 사용해서도 충분히 만들 수 있다구!

어떻게 하면 될까? 궁금하지?

```
import random

luck = random.choice([
    "좋은 친구를 만나게 될 거예요!",
    "크게 웃을 일이 생길 거예요!",
    "맛있는 걸 먹게 될 거예요!",
])

print(luck)
```

→ **import random**

random 도구 상자 덕분에 컴퓨터가 무작위로 무언가를 선택할 수 있어.

→ **luck = random.choice([**
"좋은 친구를 만나게 될 거예요!",
"크게 웃을 일이 생길 거예요!",
"맛있는 걸 먹게 될 거예요!",
])

random.choice([...])는 [] 안에 있는 여러 문장 중에서 하나를 무작위로 골라줘. 그리고 골라진 문장을 luck이라는 변수에 저장하는 거야.

→ **print(luck)**

luck에 담긴 운세 문장을 화면에 보여줘.

어때? 이 두 코드는 겉모습은 다르지만 같은 결과를 만들어. 하나는 if를 사용해서 숫자에 따라 문장을 나눠 출력하고, 다른 하나는 random.choice()로 미리 정해둔 문장들 중 하나를 바로 골라 보여주는 방식이야.

이처럼 파이썬에서는 같은 결과를 만드는 데 여러 가지 방법이 있어.
너에게 더 잘 맞는 방식으로 코딩하면 된단다!

Q. 연습문제

1. if, input, random을 이용해서 사용자가 숫자를 입력하면, 컴퓨터가 무작위로 고른 숫자와 비교해서 더 큰 지 더 작은지 힌트를 주는 게임을 만들어보자!

```
숫자를 입력해 보세요 (1~10): 8
더 큰 수예요!
```

2. if와 random을 써서 컴퓨터와 가위바위보를 하는 게임을 만들어 보자!

```
가위, 바위, 보 중 하나를 입력하세요: 가위
컴퓨터는 보 를 골랐어요!
이겼어요!
```

정답은 바로 뒤에 있어. 하지만 네 머릿속 아이디어가 훨씬 더 멋질 수 있어!
먼저 스스로 생각해 보고, 정말 어려울 때만 참고해 보자.

A. 정 답

1. if, input, random을 이용해서 사용자가 숫자를 입력하면, 컴퓨터가 무작위로 고른 숫자와 비교해서 더 큰 지 더 작은지 힌트를 주는 게임을 만들어보자!

```
import random

answer = random.randint(1, 10)

guess = int(input("숫자를 입력해 보세요 (1~10):"))

if guess == answer:
    print("정답입니다!")
elif guess < answer:
    print("더 큰 수예요!")
else:
    print("더 작은 수예요!")
```

헷갈릴 수 있는 부분만 골라서 쉽게 설명해 줄게.

→ **answer = random.randint(1, 10)**

random.randint(1, 10)은 1부터 10 사이의 숫자 중에서 하나를 무작위로 고른다는 뜻이야. 컴퓨터가 고른 그 숫자를 answer라는 변수에 저장하는 거야.

→ **guess = int(input("숫자를 입력해 보세요 (1~10):"))**

input()으로 너희에게 값을 입력받고, int()로 그걸 숫자로 바꿔.

→ 그리고 if 문을 사용해서 컴퓨터가 고른 숫자(answer)와 네가 입력한 숫자(guess)를 비교한 다음, 상황에 맞는 문장을 보여주는 거야.

2. if와 random을 써서 컴퓨터랑 가위바위보를 하는 게임을 만들어 보자!

```
import random

options = [“가위”, “바위”, “보”]

user = input(“가위, 바위, 보 중 하나를 입력하세요:”)

computer = random.choice(options)
print(“컴퓨터는”, computer, “를 골랐어요!”)

if user == computer:
    print(“비겼어요!”)
elif user == “가위” and computer == “보”:
    print(“이겼어요!”)
elif user == “바위” and computer == “가위”:
    print(“이겼어요!”)
elif user == “보” and computer == “바위”:
    print(“이겼어요!”)
else:
    print(“졌어요. ㅜ”)
```

너희가 어려워할 것 같은 부분만 골라서 쉽게 설명해 줄게.

→ **options = [“가위”, “바위”, “보”]**
사람이랑 컴퓨터가 선택할 수 있는 것들을 미리 리스트로 만들어둔 거야.

→ **user = input(“가위, 바위, 보 중 하나를 입력하세요:”)**
가위, 바위, 보 중에서 하나를 골라 입력하게 하는 코드야. 너희가 입력한 데이터는 user라는 변수에 저장돼.

→ **computer = random.choice(options)**
컴퓨터도 options 리스트에서 하나를 무작위로 골라. 고른 결과는 computer라는 변수에 저장되지.

for와 while을 알아보자

반복문은 똑같은 일을 여러 번 해야 할 때 쓰는 파이썬 문법이야. 예를 들어 print("안녕하세요!")를 10줄 쓰는 대신, 반복문을 쓰면 단 한 줄로 10번 출력할 수 있어.

반복문에는 대표적으로 for문과 while문이 있어. for문은 "이 일을 몇 번 반복해!"라고 말할 때 사용하지. while문은 어떤 조건이 참일 때까지 계속 반복해. 반복문을 잘 사용하면 게임 만들기, 인사 여러 번 하기, 숫자 세기처럼 반복되는 작업을 쉽게 할 수 있어. 그래서 파이썬을 배울 때 꼭 익혀야 하는 중요한 문법이란다.

for의 기본 구조

for문은 보통 다음과 같은 구조로 작성해.

```
for 변수 in 반복할_것:
    반복해서 실행할 코드
```

들여쓰기

- **for는 "무언가를 반복해!"라는 뜻이야.**
- **'반복할_것'은 반복하고 싶은 여러 개의 값들이야.** 리스트처럼 여러 값이 들어 있는 것도 될 수 있고, 문자열이나 숫자 범위(range)처럼 차례대로 꺼낼 수 있는 것도 사용할 수 있어.
- **'반복해서 실행할 코드'는 들여쓰기(띄어쓰기)를 해서 적어. 그러면 그 부분이 반복돼.**

'반복할_것'을 'ㅤ변수'에 담고 그걸 이용해 코드를 반복 실행하는 거야.
아빠, 선물이야!!

잘 모르겠다고? 괜찮아!
for문이 어떻게 쓰이는지 예시로 보여줄게.

```
for a in range(1, 3):
    print(a)
```

이제 코드의 각 줄을 하나씩 천천히 살펴보자.

→ range(1, 3)
range는 어디부터 어디까지 숫자를 만들지 알려주는 말이야.
그래서 range(1, 3)은 1부터 시작해서 2까지 숫자를 만들어 주지.
마지막 숫자는 포함되지 않으니 기억해두자!

→ for a
그래서 a라는 변수에는 1, 그 다음 2가 차례대로 들어가.
즉, a의 값이 1 → 2 이렇게 두 번 바뀌는 거지.

→ print(a)
print(a)는 a에 들어 있는 값을 보여주는 거야.
a에 1, 2가 차례로 들어가니까 세모 버튼(▶)을 누르면 아래처럼 화면에 나올 거야.

```
1
2
```

왜 이렇게 나오는지 잘 모르겠다면 아래 그림을 잘 살펴봐.

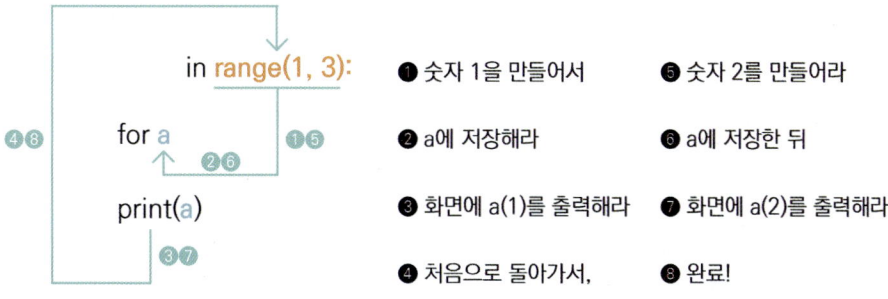

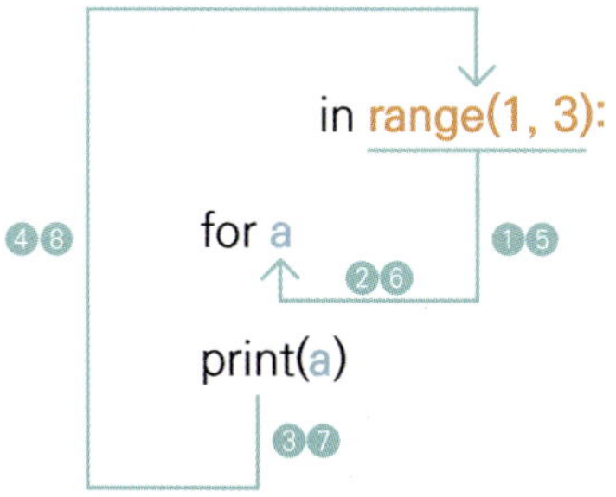

❶ 숫자 1을 만들어서
❷ a에 저장해라
❸ 화면에 a(1)를 출력해라
❹ 처음으로 돌아가서,
❺ 숫자 2를 만들어라
❻ a에 저장한 뒤
❼ 화면에 a(2)를 출력해라
❽ 완료!

for문을 쓰지 않았다면, 이 코드는 이렇게 써야 했을 거야.

```
print(1)
print(2)
```

잠깐 퀴즈!

Q. for를 사용해서 아래 화면처럼 "안녕"이라는 말을 3번 출력하는 코드를 짜보자.

```
안녕
안녕
안녕
```

힌트를 줄게!

<힌트>

· for문으로 몇 번 반복할지 숫자를 정해 줘.

· print() 안에 무엇을 말하게 할지 써 봐.

코드 완성했지? 이제 내가 짠 코드를 같이 확인해보자.

```
for i in range(3):
    print("안녕")
```

코드를 보니까 앞의 코드랑 조금 다른 점이 눈에 띄지?
왜 for i in range(0, 3):라고 안 쓰고, 그냥 **for i in range(3):**라고 썼을까?

그 이유는 range(3)는 사실 range(0, 3)와 같은 뜻이기 때문이야. 숫자 0부터 시작해서 2까지, 총 3번 반복하는 거지. **그래서 for i in range(3):는 "이 코드를 3번 반복해!"라는 간단한 표현이야.**

처음 숫자가 0일 때는 0을 생략하고 range(3)만 써도 돼서 더 짧고 간편하게 코드를 쓸 수 있어!

리스트와 for문 함께 사용하기

지금까지 우리는 for문의 기본 구조와 개념에 대해 배워봤어. for문으로 "안녕!"을 여러 번 출력해보기도 했지?

그런데 만약 바나나, 사과, 딸기처럼 여러 개의 과일 이름을 하나씩 출력하고 싶다면 어떻게 해야 할까? 매번 print()를 쓰는 건 너무 귀찮겠지?

이번에는 '리스트(list)'라는 도구를 배워볼 거야. **리스트는 말 그대로 '목록'이야.** 마트 장보기 목록처럼 내가 좋아하는 음식이나 동물 이름을 한 번에 담아둘 수 있어. 그리고 for문과 리스트를 함께 쓰면, 그 목록 속 내용을 하나씩 꺼내서 아주 쉽게 사용할 수 있지!

그럼 지금부터, 리스트와 for문이 함께할 때 얼마나 편리해지는지 같이 알아보자!

```
fruits = ["사과", "바나나", "딸기"]

for a in fruits:
    print(a)
```

→ **fruits = ["사과", "바나나", "딸기"]**
이 줄은 과일 이름 3개를 리스트에 담은 거야.
리스트는 대괄호 [ ] 를 사용하고, 값들은 쉼표(,) 로 나눠서 넣어.

→ **for a in fruits:**
이건 "fruits 리스트 안에 있는 걸 하나씩 꺼내서 a에 담아줘!"라는 뜻이야.
즉, a는 차례대로 "사과", "바나나", "딸기"가 돼.

→ **print(a)**
a에 담긴 과일 이름을 한 줄씩 화면에 보여주는 거야.

이 코드를 적고 세모 버튼(▶)을 누르면, 이런 결과가 나온단다.

```
사과
바나나
딸기
```

이번에는 기돌, 준돌, 세돌이를 자동으로 칭찬하는 코드를 짜볼까?

```
friends = ["기돌", "준돌", "세돌"]

for name in friends:
    print(name + "은 정말 멋져요!")
```

```
기돌은 정말 멋져요!
준돌은 정말 멋져요!
세돌은 정말 멋져요!
```

어때, 리스트 어렵지 않지?

오~
파이썬, 꽤 할 만한데?!

후후후…
점점 파이썬에 빠져들고 있구나! 좋아~!!

for문으로 글자 하나씩 꺼내 보기

전에 우리는 for문으로 리스트 안에 있는 것들을 하나씩 꺼내봤지? 이번에는 리스트가 아닌 글자들, 그러니까 문자열을 for문으로 하나씩 꺼내 볼 거야. 예를 들어 "기돌"이라는 이름을 보자. "기돌"은 "기"와 "돌" 두 글자가 붙어 있는 문자열이야. 그럼 for문으로 이 글자들을 하나씩 꺼낼 수 있을까?

정답은 당연히 가능하지! 파이썬에서는 문자열도 리스트처럼 다룰 수 있어서, 글자 하나씩 꺼내서 사용할 수 있어. 이걸 알면, 이름으로 인사하기, 단어를 꾸미기, 글자 수를 세는 재미있는 코드도 만들 수 있어!

자, 그럼 글자랑 친구가 되는 코딩을 시작해 볼까?

for문으로 글자를 하나씩 꺼내면 어떤 모습일까? 먼저 결과 화면을 한 번 살펴보자.
“기돌”이라는 이름이 “기”와 “돌”로 나눠져서 출력되는 것이 보이지?

```
기
돌
```

어떻게 하면 이렇게 글자를 한 글자씩 꺼낼 수 있을까?

```
for a in “기돌”:
    print(a)
```

→ **for a in “기돌”:**

for a in “기돌”:은 “기돌”이라는 문자열 안에 있는 글자를 한 글자씩 a에 넣어서 반복하겠다는 뜻이야.

먼저 “기”가 a에 들어가고, print(a)를 만나서 화면에 “기”가 출력돼. 그다음 다시 돌아가서 “돌”이 a에 들어가고, 또 출력되니까 결과적으로 “기”와 “돌”이 두 줄에 나눠서 출력되는 거야.

잠깐 퀴즈!

Q. for문으로 “기회”라는 단어의 글자를 하나씩 꺼내 다음과 같은 결과를 만들어 보자.

```
기장
회장
```

간단하게 힌트를 주자면 이 단어들 모두 끝에 “장”이라는 글자가 반복된다는 것을 주목해봐.

자, 이제 정답을 공개할게!

```
for a in "기회":
    print(a + "장")
```

어때? 생각보다 간단해서 놀랐지?
그런데 리스트를 사용해서 이렇게 만들 수도 있어.

```
letters = ["기", "회"]

for a in letters:
    print(a + "장")
```

아예 새로운 변수를 하나 더 만들어서 이렇게 만들 수도 있지.

```
word = "기회"
for a in word:
    new_word = a + "장"
    print(new_word)
```

이 코드를 읽고 내용을 이해할 수 있겠니?

→ **word = "기회"**
for a in word:
"기회"라는 단어를 word 변수에 넣고, for문으로 글자를 하나씩 꺼내어 a에 넣는 건 이제 잘 알겠지?

→ **new_word = a + "장"**
print(new_word)
여기서는 a에 들어 있는 글자 뒤에 "장"을 붙여서 new_word라는 변수에 저장했어. 그리고 그 new_word를 화면에 출력하라는 거지.

방금 본 것처럼 같은 결과를 만드는 방법은 여러 가지가 있어. **하지만 가능하면 코드를 간단하고 명확하게 짜는 게 좋아.** 그래야 읽고 이해하기 쉽거든.

for문으로 딕셔너리 다루기

딕셔너리가 뭐냐고?

학교에서 친구 이름이랑 전화번호 적을 때 어떻게 해? 전화번호만 주르륵 적으면 누가 누군지 헷갈리잖아. 그래서 이름하고 전화번호를 한 쌍으로 같이 적어 놓지?

컴퓨터도 똑같아!

어떤 정보랑 다른 정보를 짝지어서 기억해야 할 때가 있는데, 그럴 때 딕셔너리를 써. **딕셔너리는 '이름표'(키, key) 와 그 이름표에 딱 맞는 정보(값, value)를 함께 저장하는 상자 같은 거야.** 예를 들어 "준돌": 90 이렇게 적혀 있으면, "준돌"은 키, 90은 값이야. "준돌이는 몇 점이야?"라고 물으면, 컴퓨터는 "준돌"라는 키를 보고 90이라는 값을 알려주는 거지.

키는 보통 사람 이름, 과목 이름, 날짜처럼 고유한 정보로 만들면 좋아. 왜냐하면 컴퓨터가 딕셔너리 안에서 키를 딱 보고 빠르게 찾아낼 수 있기 때문이야.

그래서 키는 절대 겹치면 안 되고, 값은 똑같아도 괜찮아. 예를 들어 "준돌": 90, "세돌": 90이라고 하면, 준돌이도 90점, 세돌이도 90점이라는 뜻이지.

그런데 만약 이렇게 적으면 어떨까?

```
"준돌": 90
"준돌": 80
```

이럴 땐 준돌이라는 키가 두 번 나오니까 문제가 생겨. 도대체 준돌이는 90점일까, 80점일까? 헷갈리겠지?

파이썬에서는 이런 경우 맨 마지막에 쓴 값으로 덮어쓰기가 돼서 결국 "준돌": 80만 남게 돼. 그래서 키는 중복되면 안 되는 거야!

이왕이면 90점으로 덮어버리지...

· 딕셔너리의 기본 구조

딕셔너리는 정보를 "키: 값" 쌍으로 저장해. 그 모습은 이렇게 생겼어.

```
딕셔너리이름 = {
    "키1": 값1,
    "키2": 값2,
    "키3": 값3
}
```

· 중괄호 { } 안에 키와 값을 쌍으로 써야 해.

· 키와 값은 쌍으로 묶어서 "키": 값 형식으로 쓰자.

· 쌍과 쌍 사이는 쉼표 , 로 구분해.

· 키는 겹치면 안 돼!
중복되면 마지막 값만 남는다는 것을 기억하자!

기돌이, 준돌이, 세돌이의 점수를 딕셔너리에 담아보면 이렇게 쓸 수 있지.

```
scores = {
    "기돌": 100,
    "준돌": 90,
    "세돌": 90
}
```

오! 이번에 기돌이가 시험을 잘 봤구나? 보기만 해도 금방 알 수 있지?

하하…
쑥스럽네~

이렇게 딕셔너리는 '무엇'과 '그에 대한 정보'를 깔끔하게 짝지어서 보여줘서 보기 쉽고, 원하는 정보를 빠르게 꺼낼 수 있는 장점이 있어.

이제 for문이랑 딕셔너리를 함께 써서, 기돌이, 준돌이, 세돌이의 점수를 하나씩 알려주는 코드를 만들어보자!

```
scores = {
    "기돌": 100,
    "준돌": 90,
    "세돌": 90
}

for name in scores:
    print(name + "의 점수는" + str(scores[name]) + "점이에요.")
```

→ **scores = { ... }**

scores는 딕셔너리야. 이 딕셔너리에는 친구 이름(기돌, 준돌, 세돌)이 키(key)로, 점수(100, 90, 90)가 값(value)으로 저장되어 있어. 즉, 기돌이는 100점, 준돌이는 90점, 세돌이도 90점이라는 뜻이야.

→ **for name in scores:**

scores 딕셔너리 안에 있는 이름(키)을 하나씩 꺼내서 name이라는 변수에 넣는 반복문이야.

한 번 돌 때마다 name에는 "기돌", "준돌", "세돌" 중 하나가 들어가게 돼.

→ **print(name + "의 점수는" + str(scores[name]) + "점이에요.")**

name에 들어 있는 이름(예: "기돌")과 그 사람의 점수(예: 100)를 꺼내서 문장으로 보여주는 거야.

scores[name]은 딕셔너리에서 name이라는 키에 해당하는 값을 가져오란 뜻이야.

str()은 숫자를 글자로 바꿔줘서 문장과 함께 출력할 수 있게 해 줘.

코드를 다 입력한 다음, 세모 버튼(▶)을 누르면, 아래처럼 결과가 보일 거야.

```
기돌의 점수는 100점이에요.
준돌의 점수는 90점이에요.
세돌의 점수는 90점이에요.
```

잠깐 퀴즈!

Q. 오늘 급식은 뭘까? 아래처럼 결과가 나오도록 딕셔너리를 사용해서 코드를 짜보자.

```
월요일의 급식은 비빔밥이에요.
화요일의 급식은 갈비찜이에요.
수요일의 급식은 떡국이에요.
```

힌트를 줄게! 똑같이 반복되지 않고, 기준이 될 수 있는 건 뭐가 있을까? 맞아, 요일이지! 그래서 요일을 키로, 급식 메뉴를 값으로 딕셔너리에 정리해보는 거야.

이제 내가 짠 코드를 같이 확인해보자.

```
lunch_menu = {
    "월요일": "비빔밥",
    "화요일": "갈비찜",
    "수요일": "떡국"
}

for day in lunch_menu:
    print(day + "의 급식은 " + lunch_menu[day] + "이에요.")
```

→ **lunch_menu = { ... }**
급식 메뉴를 저장하는 코드니까 딕셔너리 이름을 lunch_menu로 정했어. 힌트에서 말한대로 반복되지 않고 기준이 될 수 있는 요일을 키, 그 날의 급식은 값으로 짝지어서 정리했지.

→ **for day in lunch_menu:**
이 줄은 딕셔너리 안에 있는 요일을 하나씩 꺼내서 차례대로 살펴보는 거야. 반복할 때마다 day에는 '월요일', '화요일', '수요일' 중 하나가 들어가게 돼.

→ **print(day + "의 급식은 " + lunch_menu[day] + "이에요.")**
day에 들어 있는 요일에 맞는 급식 메뉴를 꺼내서 문장으로 보여주는 거야. 예를 들어 day가 "월요일"이면, lunch_menu["월요일"]은 "비빔밥"이니까 "월요일의 급식은 비빔밥이에요."라고 화면에 출력돼.

반복의 반복, for 속 for

지금까지 우리는 for문을 써서 어떤 일을 여러 번 반복해봤어. 근데 어떤 문제는 그냥 한 줄씩 반복하는 걸로는 해결이 안 될 때가 있어.

예를 들어 볼까? 줄넘기 대회에서 3명이 나와서, 각각 5번씩 줄넘기를 한다고 해보자. 사람 한 명씩 나오고, 그 사람이 줄넘기를 다섯 번씩 뛰는 거야. 이럴 땐 for문 하나만으론 부족하지!

이렇게 for문 안에 또 for문이 들어가는 걸 이중 for문 또는 중첩 for문이라고 불러.

· 이중 for문의 기본 구조

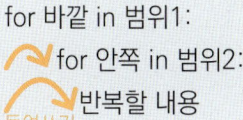

```
for 바깥 in 범위1:
    for 안쪽 in 범위2:
        반복할 내용
```

들여쓰기

이 구조는 바깥 for문이 한 번 돌 때마다, 안쪽 for문이 여러 번 반복되는 거야.

예를 들어 줄넘기 대회에서 각자가 5번씩 뛰어야 한다고 해보자. 먼저 세돌이가 나와서 뛴다고 하면, 세돌이가 바깥 범위 1이고, 세돌이가 뛴 횟수가 안쪽 범위가 되는 거야. 세돌이가 5번 뛰었으니까, 안쪽 범위는 5번 반복된 거지.

세돌이가 끝나면 이번엔 기돌이가 나와. 그러면 기돌이는 바깥 범위 2, 기돌이가 뛴 횟수는 안쪽 범위 2가 되겠지?

이번에는 도넛 상자 세 개가 있고, 각 상자에서 도넛을 세 개씩 꺼낸다고 해보자. 이렇게 상자 속 도넛을 꺼내는 모습을 이중 for문으로 표현할 수 있어.
우리 같이 코딩해볼까?

```
for box in range(1, 4):
    print(box, "번 상자를 열어요.")
    for donut in range(1, 3):
        print("도넛", donut, "개 꺼내요.")
    print()
```

→ **for box in range(1, 4):**
1번부터 3번까지 상자를 하나씩 열겠다는 뜻이야.
즉, 상자 번호가 1, 2, 3으로 바뀌면서 코드를 세 번 반복하지.

→ **print(box, "번 상자를 열어요.")**
지금 열고 있는 상자 번호를 출력하라는 뜻이야.
(예시) "1번 상자를 열어요."

→ **for donut in range(1, 3):**
상자 하나를 열 때마다 도넛을 꺼낸다는 뜻이야.
도넛 번호가 1, 2로 바뀌면서 아래 코드가 두 번 반복돼.

→ **print("도넛", donut, "개 꺼내요.")**
도넛을 꺼낸다는 걸 알려주는 문장이야.
처음에는 1개, 두 번째에는 2개를 꺼내게 되어 있어.

→ **print()**
print()는 화면에 글자는 안 나오고, 줄만 바꿔주는 역할을 해.
꼭 써야 하는 건 아니지만, 줄 사이를 띄워서 코드를 더 깔끔하게 보이게 하고 싶어서 넣어봤어.

이중 for문이 어떻게 반복되는지 아직 헷갈린다고?
괜찮아! 그럼 그림을 보면서 천천히, 알기 쉽게 설명해줄게.

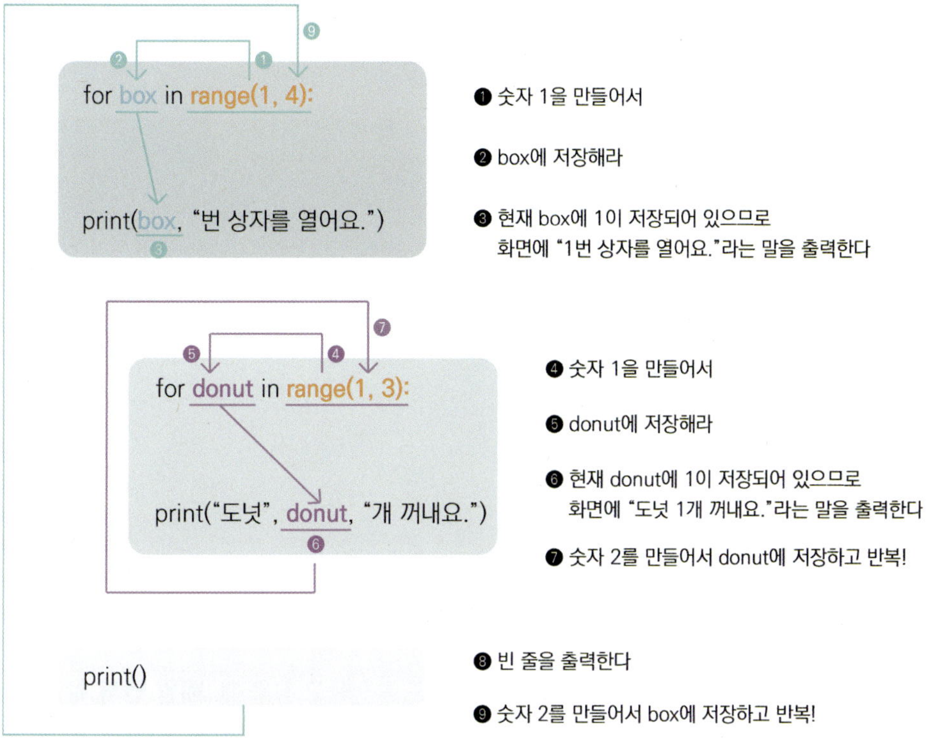

for box in range(1, 4):
print(box, "번 상자를 열어요.")
for donut in range(1, 3):
print("도넛", donut, "개 꺼내요.")
print()
❶ 숫자 1을 만들어서
❷ box에 저장해라
❸ 현재 box에 1이 저장되어 있으므로 화면에 "1번 상자를 열어요."라는 말을 출력한다
❹ 숫자 1을 만들어서
❺ donut에 저장해라
❻ 현재 donut에 1이 저장되어 있으므로 화면에 "도넛 1개 꺼내요."라는 말을 출력한다
❼ 숫자 2를 만들어서 donut에 저장하고 반복!
❽ 빈 줄을 출력한다
❾ 숫자 2를 만들어서 box에 저장하고 반복!

이 그림은 이중 for문이 어떻게 실행되는지를 보여주는 거야.

먼저 바깥 for문이 시작돼서 box에 1이 들어가면 "1번 상자를 열어요."라는 말이 출력돼. 그다음 안쪽 for문이 실행되면서 donut에 1이 들어가고, "도넛 1개 꺼내요."라는 말이 출력되지. 이어서 donut에 2가 들어가면 "도넛 2개 꺼내요."가 출력돼. 이렇게 해서 1번 상자 안에서 도넛을 차례대로 꺼내는 거야.

안쪽 for문이 끝나면 print()가 실행돼서 빈 줄이 하나 출력되고, 다시 바깥 for문으로 돌아가 box에 2가 저장돼. 이번엔 "2번 상자를 열어요."가 출력되고, 또 안쪽 for문이 실행돼서 도넛을 꺼내는 과정이 반복되지. 이런 식으로 3번 상자까지 진행되는 게 바로 이중 for문의 구조야.

이제 조금 감이 오지?
그럼 이번엔 직접 코드를 짜 보면서 본격적으로 이중 for문을 연습해 보자!

이번에는 파이썬 수업에 온 기돌이, 준돌이, 세돌이에게 차례로 인사해 보자. 아래처럼 인사 메시지가 나오게 하려면, 어떻게 코드를 짜야 할까?

```
1 일차 인사 시간이에요!
기돌이 안녕!
준돌이 안녕!
세돌이 안녕!

2 일차 인사 시간이에요!
기돌이 안녕!
준돌이 안녕!
세돌이 안녕!
```

이 코드를 만들기 위한 힌트를 줄게!

앞에서 본 것처럼 인사 메시지를 출력하는 코드를 만들고 싶을 때, **제일 먼저 확인해야 할 건 무엇이 바깥쪽 반복(범위 1)이고, 무엇이 안쪽 반복(범위 2)인지 알아보는 거야.**

범위 1은 바깥에서 크게 반복되는 부분이야. 여기서는 1일차, 2일차 같은 날짜가 큰 범위에서 반복되지? 이게 바로 바깥쪽 반복, 즉 범위 1이야.

범위 2는 안쪽에 들어 있는 반복이야. 각 날짜 안에서 친구 이름들이 하나씩 반복되고 있지? 이게 바로 안쪽 반복, 즉 범위 2가 되는 거야.

그리고 친구 이름을 하나하나 다 쓰는 건 너무 귀찮고 실수하기도 쉬워. 그래서 이름들을 리스트에 한꺼번에 정리해 두면 훨씬 더 편하고 보기 좋을 거야.

이제 어떤 식으로 코드를 짜야 할지 감이 좀 오지?

```
for day in range(1, 3):
    print(day, "일차 인사 시간이에요!")
    for friend in ["기돌이", "준돌이", "세돌이"]:
        print(friend + " 안녕!")
    print()
```

→ **for day in range(1, 3):**
print(day, "일차 인사 시간이에요!")

range(1, 3)은 1부터 2까지 숫자를 만들어 줘. 그래서 day에는 1, 그 다음 2가 들어가게 돼. day가 1이면 "1일차 인사 시간이에요!"라고 출력되고, day가 2이면 "2일차 인사 시간이에요!"라고 출력돼.

→ **for friend in ["기돌이", "준돌이", "세돌이"]:**

이 줄은 친구 이름을 하나씩 꺼내서 반복하는 부분이야. 리스트 안에 있는 "기돌이", "준돌이", "세돌이"가 순서대로 friend에 들어가.

→ **print(friend + " 안녕!")**

friend에 들어 있는 이름 뒤에 " 안녕!"을 붙여서 인사하는 문장을 만들어줘. 그래서 "기돌이 안녕!", "준돌이 안녕!", "세돌이 안녕!"이 차례대로 출력돼.

→ **print()**

하루 인사가 끝나면 줄을 띄워서 보기 좋게 만들어주는 코드야. 컴퓨터는 여기까지 실행한 뒤 다시 처음으로 돌아가서 다음 날(2일차) 인사를 시작하게 돼.

· 이중 for문 응용하기

그럼 이제 본격적으로 이중 for문을 연습해 볼까? 이중 for문을 이용하면 재미있는 모양도 만들 수 있어. 아래처럼 결과 화면이 나오는 코드를 함께 살펴보자.

```
★
★★
★★★
```

```
for i in range(1, 4):
    for j in range(1, 6):
        if j <= i:
            print("★", end="")
    print()
```

→ **for i in range(1, 4):**

이건 바깥쪽 for문이야. 줄 수를 정해주는 역할을 하지.
i는 1부터 3까지 바뀌면서, 총 3줄을 만들어줘.

→ **for j in range(1, 6):**

이건 안쪽 for문이야. 한 줄 안에서 별을 몇 개 찍을지를 결정해.
j는 1부터 5까지 바뀌면서, 최대 5개의 별을 찍을 수 있게 준비해.

→ **if j <= i:**
print("★", end="")

여기 if문이 이 코드의 핵심이야!

j <= i일 때만 별을 찍어.
예를 들어 i가 1이면 j가 1일 때만 별이 찍혀. → ★
i가 2면 j가 1, 2일 때 별이 찍혀. → ★★
i가 3이면 j가 1, 2, 3일 때 별이 찍혀. → ★★★

end=""는 줄바꿈을 하지 말고 옆으로 이어서 출력하라는 뜻이야.

→ **print()**

줄이 끝났으면 줄을 바꿔주는 코드야. 안 그러면 별이 전부 한 줄에 나와.

근데… if j <= i: 때문에 별이 몇 개 나오는 게 달라지는 거지?
어떻게 i랑 j랑 비교해서 별이 늘어나는지 잘 모르겠어!

그건 별 수(j)가 줄 수(i)보다 작거나 같을 때만 별이 나오기 때문이야.
첫 줄에는 별 하나, 둘째 줄에는 별 두 개, 셋째 줄에는 별 세 개!
그래서 계단 모양의 별이 완성되는 거야~

잠깐 퀴즈!

Q. 이중for문으로 아래처럼 결과 화면을 만들어보자.

```
★★★★★
★★★★★
★★★★★
```

아까 봤던 이중 for문으로 별의 개수를 조절하는 코드 기억나지? 그 코드를 참고해서 모양만 살짝 바꿔보면 돼. 이번에는 별의 개수가 달라지지 않으니까 if문은 필요 없겠지?

내가 만든 코드를 보기 전에, 한 번만 더 스스로 어떻게 짤 수 있을지 고민해보자. 조금 어렵더라도 생각해보는 시간이 정말 중요하니까.

```
for i in range(3):
    for j in range(5):
        print("★", end="")
    print()
```

→ **for i in range(3)**
줄 수를 정해줘. 총 3줄.

→ **for j in range(5)**
각 줄마다 별 5개를 출력해.

→ **print("★", end="")**
줄바꿈 없이 별을 이어서 출력.

→ **print()**
한 줄 출력이 끝나면 줄을 바꿔줘.

이건 이렇게도 코딩할 수 있겠는걸?

```
for i in range(3):
    print("★" * 5)
```

어허엉.. 천재다, 천재야 ㅠㅠ

while의 기본 구조

지금까지는 for문을 사용해서 정해진 횟수만큼 반복했었지? 하지만 세상에는 몇 번 반복할지 처음엔 모르는 상황도 많아. 예를 들어, 배가 부를 때까지 밥을 먹는다든지, 친구가 "그만!" 할 때까지 게임을 계속하는 것처럼 말이야.

이럴 때는 while문이 필요해! **while문은 조건이 참(True)일 동안 계속 반복해 줘. 언제 끝날지는 모르지만, 조건이 거짓(False)이 되면 딱 멈추는 거야.**

그럼 우리 엄마는 주로 while문을 쓰시는구나!
'공부하자'라고 하시지, '문제집 3장 풀자'라고는 안 하시니까.

어.. 음..

while문은 보통 이런 구조로 작성해.

```
while 조건:
    반복할 내용
```

들여쓰기

- **while은 "~하는 동안에"라는 뜻으로 파이썬에서는 "조건이 맞는 동안"이라는 뜻이야.**
- **조건이 참(True)이면, 들여쓰기 된 아래 코드를 계속 반복해.**
- **조건이 거짓(False)이 되면, 반복을 멈추고 빠져나가.**

예를 들어보자. 숫자 1에서 5까지 화면에 출력하려고 해.
for문을 쓴다면 이렇게 쓸 수 있어.

```
for i in range(1, 6):
    print(i)
```

그런데 while문을 쓰면 어떻게 될까?
while은 조건이 참인 동안 계속 반복하니까 이렇게 써야 해.

```
i = 1
while i <= 5:
    print(i)
    i += 1
```

이건 먼저 i에 1을 넣고, i가 5 이하일 때만 계속 print(i)를 하는 코드야. 그래서 꼭!! i += 1을 써서 숫자를 하나씩 늘려줘야 해. 안 그러면 계속 1만 출력돼.

이 예시는 for문으로도, while문으로도 만들 수 있었어. 하지만 어떤 상황에서는 while문을 꼭 써야 할 때가 있어. 다음의 코드를 한번 볼까?

사용자가 '그만'이라고 말할 때까지 계속 좋아하는 과일을 묻는 코드를 만들어보자. **이런 반복은 몇 번 반복할지 정해지지 않았기 때문에 for로는 할 수 없고, while이 딱이야!**

```
while True:
    fruit = input("좋아하는 과일을 입력하세요 (그만이라고 쓰면 끝나요): ")
    if fruit == "그만":
        print("입력을 종료합니다.")
        break
    print(f"오! {fruit}를 좋아하는군요!")
```

이 코드를 그대로 적고 세모 버튼(▶)을 누르면 다음과 같은 결과 화면이 나타나지.

```
좋아하는 과일을 입력하세요 (그만이라고 쓰면 끝나요): 사과
오! 사과를 좋아하는군요!
좋아하는 과일을 입력하세요 (그만이라고 쓰면 끝나요): 그만
입력을 종료합니다.
```

while이 어떻게 동작하는지 코드를 한 줄씩 살펴보자.

→ **while True:**

while True는 "계속 반복하라"는 뜻이야. True는 항상 참이기 때문에 이 반복문은 멈추지 않고 계속 돌아가.

→ **fruit = input("어떤 과일을 좋아하니? ")**

input()은 컴퓨터가 묻고 너희들이 답변을 하는 함수야. 여기서는 "어떤 과일을 좋아하니?"라는 질문에 대한 너희들의 대답을 fruit라는 변수에 저장해.

→ **if fruit == "그만":**

대답이 "그만"인지 확인하는 조건문이야. 너희들이 그만이라고 입력하면...

→ **break**

break는 반복문을 멈추는 명령어야. 그래서 사용자가 "그만"이라고 대답하면 이 코드는 while 반복을 멈추게 돼.

→ **print(f"오! {fruit}를 좋아하는군요!")**

여기까지 실행됐다는 건 사용자가 "그만"이라고 입력하지 않았다는 뜻이야. 그래서 컴퓨터는 fruit 변수에 들어 있는 과일 이름을 활용해 "오! [과일]를 좋아하는군요!"라는 문장을 출력하는 거야.

random과 while 함께 사용하기

while문은 for문과 마찬가지로, 혼자만 쓰이기보다는 다른 함수들과 함께 사용될 때 훨씬 더 재미있고 유용한 프로그램을 만들 수 있어.

특히 random을 사용하면 컴퓨터가 무작위로 숫자나 선택지를 정하게 할 수 있어서, 숫자 맞히기 게임, 가위바위보, 랜덤 퀴즈 같은 프로그램을 쉽게 만들 수 있어. 반복과 무작위가 합쳐지면 재미도 두 배겠지?

이번에는 이런 식으로 while문과 다양한 기능을 함께 활용하는 방법을 배워보자.

```
import random

secret = random.randint(1, 10)
guess = 0

print("1부터 10 사이의 숫자를 맞혀보세요!")

while guess != secret:
    guess = int(input("당신의 추측은? "))
    if guess < secret:
        print("더 큰 숫자예요!")
    elif guess > secret:
        print("더 작은 숫자예요!")
    else:
        print("정답! 잘 맞혔어요!")
```

이 코드는 무슨 일을 하는 것 같아?차근차근 살펴보면 어떤 식으로 작동하는지 감이 올 거야. 너라면 이 코드를 어떻게 설명할 수 있을까?

import random은 랜덤 모듈을 불러오라는 뜻이에요.
컴퓨터가 숫자를 하나 뽑으면, 내가 맞추는 게임이네요!
틀리면 더 큰지, 더 작은지 힌트도 줘서 계속 도전할 수 있구요!

너희들.. 정말 똑똑하구나. ㅠㅠ

→ import random

이걸 써야 컴퓨터가 랜덤으로 숫자를 정할 수 있어.

→ secret = random.randint(1, 10)

1부터 10 사이에서 랜덤으로 하나의 숫자를 골라 secret이라는 변수에 저장해. 이게 우리가 맞혀야 할 비밀 숫자야!

→ guess = 0

guess는 우리가 추측한 숫자를 저장할 변수야. 처음에는 아무것도 추측 안 했으니까 0으로 시작해.

→ **print("1부터 10 사이의 숫자를 맞혀보세요!")**
컴퓨터가 사용자에게 게임을 시작하라고 알려줘.

→ **while guess != secret:**
우리가 추측한 숫자(guess)가 비밀 숫자(secret)와 같지 않을 때만 계속 반복해. '!='는 '다르다'는 뜻이야.

→ **guess = int(input("당신의 추측은? "))**
숫자를 입력받고, 그걸 숫자(int)로 바꿔서 guess에 저장해.

→ **if guess < secret:**
print("더 큰 숫자예요!")
우리가 입력한 숫자가 비밀 숫자보다 작으면, "더 큰 숫자예요!"라고 알려줘.

→ **elif guess > secret:**
print("더 작은 숫자예요!")
반대로 입력한 숫자가 비밀 숫자보다 크면, "더 작은 숫자예요!"라고 알려줘.

→ **else:**
print("정답! 잘 맞혔어요!")
만약 비밀 숫자랑 같으면, "정답! 잘 맞혔어요!" 하고 게임이 끝나.

어때? 재밌지? 직접 코드를 실행해 보면 훨씬 더 재미있을 거야! 꼭 한번 해봐!

난 금방 맞혔지!
형아들은 몇 번 만에 맞혔어?

Q. 연습문제

1. for와 리스트를 사용해서 다음의 결과를 만들어보자.

```
나는 사과를 좋아합니다.
나는 바나나를 좋아합니다.
나는 딸기를 좋아합니다.
나는 포도를 좋아합니다.
```

2. 이중for문을 이용해서 아래와 같이 구구단을 출력해보자.

```
- 2단 -
2 x 1 = 2
2 x 2 = 4
2 x 3 = 6
2 x 4 = 8
2 x 5 = 10
2 x 6 = 12
2 x 7 = 14
2 x 8 = 16
2 x 9 = 18

- 3단 -
...

- 9단 -
...
9 x 9 = 81
```

3. 컴퓨터가 주사위를 던져서 나온 숫자를 알려줄 거야. 그리고 계속 던질지 물어볼 거야. 너희가 "네"라고 대답하면 또 던지고, "아니오"라고 하면 멈추는 코드를 만들어보자.

```
주사위 숫자는 2 입니다!
한 번 더 던질래요? (네/아니오) 네
주사위 숫자는 5 입니다!
한 번 더 던질래요? (네/아니오) 네
주사위 숫자는 2 입니다!
한 번 더 던질래요? (네/아니오) 아니오
게임 종료! 즐거웠어요!
```

4. 이번엔 컴퓨터가 동물 이름을 하나 뽑아서 "이 동물 좋아해?"라고 물어볼 거야. 만약 너희가 "아니오"라고 하면, 더 이상 묻지 않고 멈추는 코드를 만들어보자.

```
이 동물을 좋아하니? 기린
계속할까요? (네/아니오): 네
이 동물을 좋아하니? 강아지
계속할까요? (네/아니오): 네
이 동물을 좋아하니? 사자
계속할까요? (네/아니오): 아니오
동물 질문 끝!
```

정답은 바로 뒤에 있어. 하지만 네 머릿속 아이디어가 훨씬 더 멋질 수 있어!
먼저 스스로 생각해 보고, 정말 어려울 때만 참고해 보자.

A. 정 답

1. for와 리스트를 사용해서 다음의 결과를 만들어보자.

```
fruits = ["사과", "바나나", "딸기", "포도"]

for fruit in fruits:
    print(f"나는 {fruit}를 좋아합니다.")
```

2. 이중for문을 이용해서 아래와 같이 구구단을 출력해보자.

```
for dan in range(2, 10):
    print(f"- {dan}단 -")
    for i in range(1, 10):
        print(f"{dan} x {i} = {dan * i}")
    print()
```

3. 컴퓨터가 주사위를 던져서 나온 숫자를 알려줄 거야. 그리고 계속 던질지 물어볼 거야. 너희가 "네"라고 대답하면 또 던지고, "아니오"라고 하면 멈추는 코드를 만들어보자.

```
import random

play = "네"

while play == "네":
    dice = random.randint(1, 6)
    print("주사위 숫자는", dice, "입니다!")
    play = input("한 번 더 던질래요? (네/아니오) ")

print("게임 종료! 즐거웠어요!")
```

4. 이번엔 컴퓨터가 동물 이름을 하나 뽑아서 "이 동물 좋아해?"라고 물어볼 거야. 만약 너희가 "아니오"라고 하면, 더 이상 묻지 않고 멈추는 코드를 만들어보자.

```
import random

animals = ["강아지", "고양이", "코끼리", "기린", "사자", "토끼"]
answer = "네"

while answer == "네":
    animal = random.choice(animals)
    print("이 동물을 좋아하니?", animal)
    answer = input("계속할까요? (네/아니오): ")

print("동물 질문 끝!")
```

세돌이의 일기

3 월 29일 토 요일 날씨 살짝 봄바람

어?
여기 있던 사탕이
다 어디 갔지?
사탕 내가 다먹음

파이썬!

처음에는 낯설었는데, 지금은 제법 어려운 코드도 척척 짜는 내가 자랑스럽다!

오늘은 주석도 배웠다. # 뒤에 설명을 적으면 컴퓨터는 안 읽지만, 나중에 내가 코드를 이해할 때 도움 된다. 예를 들어 "# 여기는 친구 이름 출력하는 곳"이라고 적어두면, 나중에 봐도 내가 무슨 코드 만든 건지 바로 알 수 있다.

코드를 한 줄씩 실행하면서 주석을 달아보니까 훨씬 쉽고 재밌었다. 게다가 주석으로 나만의 장난 메시지를 적어두면, 나중에 코드를 다시 열 때 깜짝 웃음도 나와서 완전 꿀잼!

형아들도 내 주석 개그에 폭 빠진 모양이다!

앞으로도 꼭 주석 달면서 연습해야겠다!

레벨업, 파이썬!

코드를 확장하다

위
풍
이제
난 파이썬의
고수다!
당
당
흣흣흣
과연 그럴까?
너는 아직 파이썬의 정수를
맛보지 못했지!
맛?
정수가 무슨 물인데?
아니;;
그 정수 말고;;
함수,
클래스,
라이브러리,
이런 파이썬의 정수 말이야;;;

나도 정수 알아! 1,2,3 이런 거잖아!
아니, 그것도 정수는 정수인데.. 그 정수 말고.. ;;;

함수를 알아보자

지금까지 우리는 파이썬으로 여러 가지 코드를 직접 하나하나 써서 실행해봤어. 그런데 만약 똑같은 코드를 여러 번 써야 한다면 어떨까? 매번 복사해서 붙여넣기? 음... 너무 귀찮고, 실수도 생길 수 있겠지?

이럴 때 바로 함수가 필요해! **함수는 내가 자주 쓰는 코드를 이름을 붙여서 저장해 두는 방법이야.** 마치 게임에서 아이템을 단축키에 넣어두고 쉽게 꺼내 쓰는 것처럼, 함수를 만들어두면 필요한 순간에 편리하게 꺼내 쓸 수 있어.

이번 장에서는 함수가 왜 필요한지, 어떻게 만드는지, 또 함수 안에 무엇을 넣고 꺼내는지 하나씩 배워볼 거야. 자, 이제 나만의 똑똑한 도구, 함수를 함께 만들어보자!

함수의 기본 구조

함수는 보통 다음과 같은 구조로 작성해.

```
def 함수이름():
    해야 할 일
```

들여쓰기

- **def는 define이라는 뜻으로, "이제 함수를 만들 거야!"라고 컴퓨터에게 알려주는 말이야.**
- **함수이름은 우리가 지어주는 이름이야.** 나중에 이 이름을 불러서 함수를 사용할 수 있어.
- **()는 "함수를 실행하겠다"는 표시야.** 지금은 비어 있지만, 나중에 괄호 안에 정보를 넣을 수도 있어.
- **: 기호는 "이제 함수 안에 무슨 일을 할지 알려줄게!"라는 뜻이야.** 그다음 줄부터는 들여쓰기를 해서, 함수가 할 일을 적어야 해.

아직 잘 모르겠다고?
그럼 예를 들어서 설명해줄께. 아래의 코드는 인사하는 함수를 만든 거야.

```
def say_hello(name):
    print("안녕, " + name + "아!")

say_hello("기돌")
```

→ **def say_hello(name):**

say_hello는 우리가 만든 인사하기 함수야.
name은 누구에게 인사할지를 알려주는 이름을 넣는 칸이야.
예를 들어 "기돌"이를 넣으면, 그 이름이 name에 들어가는 거지.

→ **print("안녕, " + name + "아!")**

이 줄은 say_hello 함수가 할 일을 적은 곳이야. name에 들어 있는 이름을 가져와서 "안녕, [이름]아!"라는 인사말을 화면에 보여주라는 뜻이지. 예를 들어 name이 "기돌"이라면 "안녕, 기돌아!"라는 말이 나오겠지?.

→ **say_hello("기돌")**

우리가 만든 say_hello 함수에 "기돌"이라는 이름을 넣어서 실제로 실행하라고 시키는 부분이야. 이걸 함수를 호출한다고 해.

함수를 만드는 방법은 이제 알았지?
이렇게 함수를 만들어 두면, "안녕, [이름]아!"처럼 인사하는 코드를 여러 번 쉽게 쓸 수 있어. 필요할 때마다 함수만 불러주면 되니까 훨씬 편리하지!

아~
그러니까 함수는 자판기 같은 거구나!
버튼만 누르면 내가 만든 코드가 바로 나오네!

맞아, 함수는 자판기 같은 거야.
내가 코드를 만들어 두고, 버튼을 누르면 쏙 나오게 할 수 있지. 버튼 이름도 내가 정할 수 있고 말이야.

그럼 이제 함수를 쓰면 얼마나 편한지, 같이 코드로 살펴보자!

```
안녕, 기돌아!
안녕, 준돌아!
안녕, 세돌아!
안녕, 돌돌아!
안녕, 막돌아!
```

위에 나온 결과 화면처럼 나오게 하려면, 함수를 이렇게 사용하면 돼.

```
def say_hello(name):
    print(f“안녕, {name}아!”)

names = [“기돌”, “준돌”, “세돌”, “돌돌”, “막돌”]

for n in names:
    say_hello(n)
```

이 코드에서는 인사할 사람이 아무리 많아져도 names 리스트에 이름만 넣으면 돼.
만약 그냥 print만 썼다면, 사람 수만큼 코드를 다 적어야 했을 거야.
이렇게 말이지.

```
print(“안녕, 기돌아!”)
print(“안녕, 준돌아!”)
print(“안녕, 세돌아!”)
print(“안녕, 돌돌아!”)
print(“안녕, 막돌아!”)
```

매개변수(parameter) 알아보기

이번에는 함수에게 정보를 알려주는 방법을 배워볼 거야. 우리가 친구한테 인사할 때는, 누구한테 인사할지 알아야 해. 파이썬에서도 마찬가지야!

함수에게도
"누구한테 인사할지"
"어떤 말을 할지"
같은 정보를 알려줘야 해.

이렇게 함수가 받는 정보를 매개변수라고 불러. **매개변수는 쉽게 말해서, 함수가 사용할 값을 넣는 칸이라고 생각하면 돼.**

아까 기돌이, 준돌이, 세돌이에게 인사하던 코드 기억나? say_hello(name)처럼 괄호 안에 name이라는 말이 들어 있었지? 이 name이 바로 매개변수야.

함수가 인사를 하려면 "누구에게 인사할지" 알아야 하잖아. 그래서 say_hello("기돌")처럼 이름을 넣으면 "기돌"이 name 자리에 들어가. 그 덕분에 함수는 "안녕, 기돌아!" 하고 말할 수 있는 거야.

그리고 여기서 "기돌"처럼 **실제로 넣어주는 값을 전달값(인자, argument)이라고 해. 매개변수가 빈 칸이라면, 전달값은 실제로 넣는 값이야.**

그럼 코드를 보면서 다시 설명할게.

```
def give_choco(name, count):
    print(name + "에게 초코우유 " + str(count) + "잔을 줍니다!")


give_choco("기돌", 2)
give_choco("세돌", 5)
```

```
기돌에게 초코우유 2잔을 줍니다!
세돌에게 초코우유 5잔을 줍니다!
```

give_choco는 이름(name)과 잔 수(count), 이렇게 두 가지 정보를 받아서 사용하는 함수야. 예를 들어 give_choco("기돌", 2)라고 쓰면, "기돌"은 name 자리에 들어가고 2는 count 자리에 들어가서 함수가 "기돌에게 초코우유 2잔을 줍니다!" 라고 출력하게 되는 거야.

여기서 name과 count는 매개변수고, "기돌"과 2는 그 매개변수에 실제로 넣어주는 전달값이야. 어때, 이제 매개변수와 전달값이 무엇인지 알겠지?

자, 여기 빈 접시가 매개변수라고 생각해 봐.
내가 지금 너희에게 주려고 접시 위에 올려놓는 케이크들이 전달값이라고 보면 돼.
전달값은 필요할 때마다 바꿀 수도 있어.
다 먹고 나면 접시 위에 다시 케이크를 올려줄 테니까, 천천히 먹어~

잠깐 퀴즈!

Q. 매개변수를 이용해서 다음과 같은 결과를 만들어보자.

```
강아지가 멍멍하고 울어요!
고양이가 야옹하고 울어요!
오리가 꽥꽥하고 울어요!
```

이번엔 mimic_animal이라는 함수를 만들어 보자. 이 함수는 name(동물 이름)과 sound(울음소리), 이렇게 두 개의 정보를 사용할 거야. 이 두 가지를 이용해서 "[동물]가 [울음소리] 하고 울어요!" 같은 문장을 print로 만들어 보자.

정답을 보기 전에, 먼저 너 스스로 만들어 보려고 노력해 봐!

```
def mimic_animal(name, sound):
    print(name + "가 " + sound + " 하고 울어요!")

mimic_animal("강아지", "멍멍")
mimic_animal("고양이", "야옹")
mimic_animal("오리", "꽥꽥")
```

→ **def mimic_animal(name, sound):**
print(name + "가 " + sound + " 하고 울어요!")
이 줄은 mimic_animal이라는 함수를 만드는 부분이야.
name은 동물 이름, sound는 그 동물이 내는 소리를 받아오는 매개변수야.

→ **mimic_animal("강아지", "멍멍")**
여기서는 name 자리에 "강아지"가, sound 자리에 "멍멍"이 들어가.
그래서 함수는 "강아지가 멍멍 하고 울어요!"를 출력하게 돼!
다른 줄도 똑같은 방식으로 작동해.

함수가 알려주는 값 (return)

지금까지는 함수가 일을 하고 바로 print로 결과를 보여줬지?
하지만 가끔은 결과를 바로 보여주지 않고, 나중에 다른 곳에서 사용하고 싶을 때가 있어.

그럴 때 쓰는 게 바로 return이야.
return은 함수가 어떤 결과를 만들어서 밖으로 돌려주고, 그걸 다른 곳에서 쓸 수 있게 해줘.

예를 들어,

```
def add(a, b):
    return a + b

result = add(3, 5)
print(result)
```

이 함수 add는 숫자 두 개를 받아서 더한 값을 만들어 줘.
먼저 a + b가 계산돼서 3 + 5 = 8이 되는 거지.

그 다음 return이 그 계산 결과를 함수 밖으로 보내주는 역할을 해.
즉, 함수 안에서 만든 값을 다른 데서 바로 쓸 수 있게 해주는 거야.

실제로 result = add(3, 5)라고 하면, 함수가 8을 만들고 그 값을 result에 담아.
이제 result를 다른 계산이나 코드에서 마음껏 쓸 수 있어.

마지막으로 print(result)를 실행하면, 상자 안에 담긴 값 8이 화면에 출력돼.

비슷한 예를 하나 더 들어볼게.

```
def subtract(a, b):
    return a - b

def multiply(a, b):
    return a * b

def divide(a, b):
    return a / b

print(subtract(10, 3))
print(multiply(4, 2))
print(divide(8, 2))
```

→ **def subtract(a, b):**
return a - b
print(subtracrt(10, 3))
subtract는 빼기 함수야.
a에서 b를 뺀 값을 돌려줘(return).
subtract(10, 3)이라고 하면, 10에서 3을 빼니까 7이 되겠지?
그래서 print(subtract(10, 3))을 실행하면 화면에 숫자 7이 출력돼!

multiply는 곱하기, divide는 나누기 함수야. subtract와 마찬가지로 a와 b를 받아서 계산한 결과를 돌려주는(return) 방식으로 작동하지.

따라서 앞의 코드를 입력하고 세모 버튼(▶)을 누르면, 이런 결과가 나오게 되지.

```
7
8
4.0
```

잠깐 퀴즈!

Q. 준돌이는 하루에 500원씩 용돈을 받아. 그럼 일주일 동안 받을 용돈은 모두 얼마일까? 함수와 return을 이용해서 이걸 계산해주는 코드를 한번 만들어 보자!

```
준돌이가 일주일 동안 받을 용돈은 3500원이에요!
```

이번에 나는 함수 이름을 한글로 지어볼거야.

**함수 이름을 짓는 방법은 변수 이름을 짓는 방법과 동일해.
영문자, 숫자, 밑줄(), 한글 모두 사용할 수 있지만, 숫자로 시작하면 안 되고, 띄어쓰기(빈칸)는 사용할 수 없어. 띄어쓰기를 하고 싶을 때는 밑줄()을 대신 쓰자. 그리고 파이썬에서 미리 정해놓은 예약어(예: print)는 이름으로 쓸 수 없어.**

그럼 이제 내가 짠 코드를 함께 살펴볼까?

```
def 돈계산(날짜):
    return 날짜 * 500

받은돈 = 돈계산(7)
print("준돌이가 일주일 동안 받을 용돈은 ", 받은돈, "원이에요!")
```

어때, 생각보다 간단하지?

일주일에 3500원이라니요 ~
조금만 더 올려주시면 안 될까요?

input과 함수 함께 사용하기

지금까지 함수에 우리가 정한 값(전달값)을 넣어서 결과를 만들어봤어. 이번에는 컴퓨터가 먼저 물어보면, 우리가 직접 값을 입력해보자!

예를 들어 "이름이 뭐예요?"라고 물어보면 우리가 "기돌이요!" 하고 대답할 수 있겠지? 이렇게 컴퓨터가 우리에게 값을 받아서 함수에 전달하면, 더 재미있는 프로그램을 만들 수 있어.

이걸 가능하게 해주는 게 바로 input()이야. 이제 우리만의 맞춤형 함수를 만들어서, 컴퓨터랑 진짜 대화하는 느낌을 느껴보자.

```
def say_hello(name):
    print("안녕, " + name + "아! 반가워!")

user_name = input("너의 이름은 뭐야? ")
say_hello(user_name)
```

→ **def say_hello(name)**
print("안녕, " + name + "아! 반가워!")
이름을 입력받아 인사해주는 함수 say_hello를 만들었어.
이 함수는 "안녕, [이름]아! 반가워!"라는 문장을 화면에 출력해 줘.

→ **user_name = input("너의 이름은 뭐야? ")**
say_hello(user_name)
우리가 입력한 이름은 user_name이라는 변수에 담기고, 그걸 함수에게 전달하면 "안녕, 기돌아! 반가워!" 같은 인사를 해줘.

아래의 결과 화면처럼 말이지.

```
너의 이름은 뭐야? 기돌
안녕, 기돌아! 반가워!
```

이번에는 '반대로 말하기' 게임을 해보자!

예를 들어, 바나나를 거꾸로 말하면 나나바가 되지! 컴퓨터와 함께 단어를 뒤집어보는 재미있는 게임을 시작해볼까?

```
def say_backwards(word):
    print("반대로 말하면: " + word[::-1])

text = input("단어를 말해 보세요! ")
say_backwards(text)
```

→ **def say_backwards(word):**
print("반대로 말하면: " + word[::-1])
say_backwards는 함수를 만드는 코드야.
이 함수는 word라는 단어를 받아서, 그 단어를 거꾸로 만들어서 화면에 보여줘.
word[::-1]은 단어를 뒤집는 코드야.

→ **text = input("단어를 말해 보세요! ")**
사용자가 직접 단어를 입력하게 해주는 코드야.
입력한 단어가 text라는 이름으로 저장돼.

→ **say_backwards(text)**
그 단어를 say_backwards 함수에 보내서 거꾸로 말한 결과를 출력하게 해줘.

이 코드를 이용해서 가장 웃긴 반대말을 만든 친구는 누굴까?
너무 너무 궁금한걸?

난 이거 넣어봐야지!
간장공장 공장장은 강 공장장이고 된장공장 공장장은..

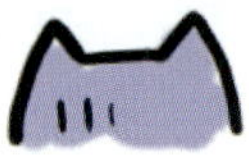

어, 엄청난 창의력이다;;

잠깐 퀴즈!

Q. 이번에는 "오늘 기분"에 따라 메시지를 출력해 주는 함수를 만들어볼까?

```
오늘 기분이 어때? (기뻐, 슬퍼, 화나 중 하나를 말해 줘): 기뻐
와! 기분이 좋다니 나도 기쁜걸?
```

이번 퀴즈가 좀 어려워 보인다고? 걱정하지 마! 우리는 조건에 따라 다른 결과를 보여주는 if문을 배웠잖아. 기억나지?

내가 짠 코드를 보기 전에, 너희가 먼저 한 번 생각해보자!

```
def mood_message(mood):
    if mood == "기뻐":
        print("와! 기분이 좋다니 나도 기쁜걸?")
    elif mood == "슬퍼":
        print("무슨 일 있었어? 내가 위로해 줄게ㅜ")
    elif mood == "화나":
        print("화가 났구나. 잠깐 쉬었다가 이야기해 보자!")
    else:
        print("그 기분은 잘 모르겠지만, 너를 응원해!")

feeling = input("오늘 기분이 어때? (기뻐, 슬퍼, 화나 중 하나를 말해 줘): ")
mood_message(feeling)
```

→ **def mood_message(mood):**
mood_message라는 함수는 기분(mood)을 받아서, 그에 맞는 메시지를 보여줘.

→ **if, elif, else 조건들**
if, elif, else는 조건을 확인해서 다르게 반응하게 해 주는 부분이야.

→ **feeling = input("오늘 기분이 어때? (기뻐, 슬퍼, 화나 중 하나를 말해 줘): ")**
input()으로 사용자가 직접 기분을 입력하고, 이걸 feeling에 저장해.

→ mood_message(feeling)
사용자가 입력한 기분을 함수에 넣어서 실행하라는 뜻이야.

random과 함수 함께 사용하기

너는 게임할 때 랜덤 뽑기 해본 적 있어? 어떤 캐릭터가 나올지 모를 때 두근두근하지?

컴퓨터도 마찬가지야. random이라는 도구를 쓰면 무작위로 숫자나 단어를 골라줄 수 있어. 그리고 우리가 지금까지 배운 함수랑 함께 쓰면 컴퓨터가 더 똑똑하게 랜덤한 행동을 하도록 만들 수 있어!

이번 시간엔 컴퓨터가 주사위를 굴리거나, 랜덤으로 응원의 말을 해주는 프로그램을 만들어볼 거야.

과연 어떤 결과가 나올까? 같이 한번 해보자!

```
import random

def pick_lucky_number():
    number = random.randint(1, 10)
    print("오늘의 행운 숫자는 바로바로... ", number, "!")

pick_lucky_number()
```

→ import random
랜덤 기능을 쓰려면 먼저 불러와야 해. 기억하고 있지?

→ random.randint(1, 10)
1부터 10 사이에서 숫자 하나를 무작위로 뽑아줘.

→ def pick_lucky_number()
우리가 만든 함수 이름이야. 이 함수는 행운 숫자를 골라서 출력하지.

→ pick_lucky_number()
함수 실행! 세모 버튼(▶)을 누르면 컴퓨터가 숫자를 골라줄 거야.

코드를 설명하다 보니, 문득 나도 궁금해졌어.
오늘 내 행운의 숫자는 과연 무엇일까?

```
오늘의 행운 숫자는 바로바로... 8 !
```

아하! 내 행운 숫자는 8이구나! 너희는 어떤 숫자가 나왔어?

이번에는 리스트와 랜덤, 그리고 함수를 이용해서 오늘 먹을 메뉴를 추천해주는 코드를 만들어보자.

```
import random

foods = ["불고기", "떡볶이", "짜장면", "피자", "햄버거"]

def recommend_food():
    food = random.choice(foods)
    print(f"오늘 먹을 음식으로는 {food} 어때?")

input("오늘 뭐 먹을지 고민돼? 엔터를 눌러서 추천을 받아보자! ")
recommend_food()
```

→ **foods = ["불고기", "떡볶이", "짜장면", "피자", "햄버거"]**
먹고 싶은 음식들을 리스트에 담은 부분이야.

→ **def recommend_food():**
food = random.choice(foods)
print(f"오늘 먹을 음식으로는 {food} 어때?")
recommend_food()는 음식 하나를 추천해주는 함수야.
random.choice(foods)가 리스트에서 무작위로 음식 하나를 골라주고,
print()가 그 결과를 화면에 보여줘.

→ **input("오늘 뭐 먹을지 고민돼? 엔터를 눌러서 추천을 받아보자! ")**
recommend_food()
input()을 통해 엔터를 누르면 recommend_food() 함수가 실행되어 음식 하나를 추천해 줘.

```
오늘 뭐 먹을지 고민돼? 엔터를 눌러서 추천을 받아보자!
오늘은 한식 어때? 내가 추천하는 음식은 바로 불고기야!
```

파이썬이 불고기를 추천했어! 오늘 저녁은 불고기 파티다! 하하

와아!
파티다, 파티!!
불고기 파티~!!!

잠깐 퀴즈!

Q. 랜덤과 함수를 이용해 게임 아이템을 뽑는 코드를 만들어 보자.

```
당신이 뽑은 아이템은: 마법 지팡이
```

힌트를 주자면, 게임 속 아이템들을 리스트로 정리하고, 그중에서 랜덤으로 하나를 선택하도록 하면 돼.

항상 하는 말이지만!
내가 짠 코드를 보기 전에, 너희가 먼저 한 번 생각해보자!

```
import random

def get_item():
    items = [“전설의 검”, “마법 지팡이”, “방패”, “회복 포션”, “속도 부츠”]
    print(“당신이 뽑은 아이템은:”, random.choice(items))

get_item()
```

생각보다 되게 간단하네요?

맞아, 랜덤과 함수를 함께 사용하면 간단하게 만들 수 있는 코드야.
한 줄씩 살펴보자.

→ import random

이제 이건 이야기 안 해도 되겠지? random 모듈을 불러와서 컴퓨터가 랜덤으로 무언가를 선택하게 준비하라는 의미야.

→ def get_item():

get_item이라는 이름의 함수를 만드는 거야. 함수 안에는 컴퓨터가 실행할 내용을 넣어둬.

→ items = [“전설의 검”, “마법 지팡이”, “방패”, “회복 포션”, “속도 부츠”]

게임 아이템들을 한 줄로 모아둔 거야. 컴퓨터가 이 안에서 랜덤으로 하나를 뽑게 될 거야.

→ print(“당신이 뽑은 아이템은:”, random.choice(items))

random.choice(items)가 리스트에서 하나를 랜덤으로 골라. 고른 아이템과 함께 “당신이 뽑은 아이템은:”을 화면에 보여줘.

→ get_item()

우리가 만든 get_item 함수를 실제로 실행하는 부분이야. 컴퓨터가 아이템 하나를 랜덤으로 뽑아서 알려줘. 즉, 이 코드를 실행할 때마다 매번 다른 게임 아이템을 뽑아서 보여주는 거야.

내 마법 아이템은
아무리 먹어도 줄지 않는 무한 젤리봉,
터뜨리면 주변 사람들이 웃게 되는 웃음 구슬,
장갑을 끼고 손을 번쩍 들면 선생님이 발표를 시켜주는 저요저요 장갑!

우리 세돌이,
학교 생활 정말 즐겁게 하고 있구나!

Q. 연습문제

1. input과 if, 함수를 이용해서 좋아하는 음식에 맞는 음료를 추천해주는 함수를 만들어 보자!

```
좋아하는 음식을 말해보세요: 피자
피자와 함께라면 콜라가 최고지!
```

2. 이번에는 랜덤과 while, 함수를 사용하는 문제야. 컴퓨터가 리스트에서 랜덤으로 동물을 고르고 너희가 맞출 때까지 계속 질문하는 게임을 만들어보자.

```
컴퓨터가 생각한 동물은 무엇일까요? 강아지
아니에요. 다시 맞혀보세요!
컴퓨터가 생각한 동물은 무엇일까요? 고양이
정답!
```

정답은 바로 뒤에 있어. 하지만 네 머릿속 아이디어가 훨씬 더 멋질 수 있어!
먼저 스스로 생각해 보고, 정말 어려울 때만 참고해 보자.

A. 정 답

1. input과 if, 함수를 이용해서 좋아하는 음식에 맞는 음료를 추천해주는 함수를 만들어 보자!

```
def recommend_drink(food):
    if food == "피자":
        print("피자와 함께라면 콜라가 최고지!")
    elif food == "햄버거":
        print("햄버거에는 사이다가 딱이야!")
    elif food == "아이스크림":
        print("아이스크림과 우유는 찰떡궁합!")
    else:
        print("그 음식과 잘 어울리는 음료를 생각해볼게~")

my_food = input("좋아하는 음식을 말해보세요: ")
recommend_drink(my_food)
```

헷갈릴 수 있는 부분만 골라서 쉽게 설명해 줄게.

→ **def recommend_drink(food):**
recommend_drink라는 이름의 함수를 만든다는 뜻이야.
food는 함수가 받을 매개변수야. 여기서는 사용자가 좋아하는 음식을 넣는 칸이지.

→ **if food == "피자":**
print("피자와 함께라면 콜라가 최고지!")
사용자가 "피자"라고 입력하면, 이 문장이 출력돼.

→ **my_food = input("좋아하는 음식을 말해보세요: ")**
사용자가 좋아하는 음식을 입력하면, 그 값이 my_food라는 변수에 저장돼.

→ **recommend_drink(my_food)**
지금 입력한 my_food를 함수 recommend_drink에 넣어서 실행하는 부분이야. 그러면 함수 안의 조건을 보고 맞는 음료를 추천해주지.

2. 이번에는 랜덤과 while, 함수를 사용하는 문제야. 컴퓨터가 리스트에서 랜덤으로 동물을 고르고 너희가 맞출 때까지 계속 질문하는 게임을 만들어보자.

```
import random

def guess_animal():
    animals = ["강아지", "고양이", "토끼", "오리"]
    secret = random.choice(animals)
    answer = ""

    while answer != secret:
        answer = input("컴퓨터가 생각한 동물은 무엇일까요? ")
        if answer == secret:
            print("정답!")
        else:
            print("아니에요. 다시 맞혀보세요!")

guess_animal()
```

헷갈릴 수 있는 부분만 골라서 쉽게 설명해 줄게.

→ **def guess_animal():**
animals = ["강아지", "고양이", "토끼", "오리"]
secret = random.choice(animals)

guess_animal이라는 함수를 만들었어.
animals 리스트에는 선택할 수 있는 동물들이 들어 있지.
secret에는 컴퓨터가 무작위로 고른 동물이 저장돼.

→ **answer = “”**

answer는 너희가 입력한 값을 저장하기 위해 만든 변수야. 지금은 빈 문자열 상태야.

input으로 받으면 되는데 이걸 왜 먼저 적었냐고?
처음부터 answer = input(...) 로 쓰는 경우 게임을 시작하자마자 질문이 나오고, 바로 answer 에 값이 들어가.

이렇게 해도 게임은 돌아가지만, 코드 구조가 조금 달라져야 해.
왜냐하면 while 문이 시작하기 전에 질문을 한 것이라서 질문이 반복되지 않기 때문이지. 그래서 이런 경우 while문 안에 같은 질문을 한 번 더 넣어야 해.

이렇게 말이지.

```
import random

def guess_animal():
    animals = [“강아지”, “고양이”, “토끼”, “오리”]
    secret = random.choice(animals)

    answer = input(“컴퓨터가 생각한 동물은 무엇일까요? ”)
    while answer != secret:
        print(“아니에요. 다시 맞혀보세요!”)
        answer = input(“컴퓨터가 생각한 동물은 무엇일까요? ”)

    print(“정답!”)

guess_animal()
```

→ **while answer != secret:**
answer = input("컴퓨터가 생각한 동물은 무엇일까요? ")

while 반복문이 이 코드의 핵심이야.

answer != secret → 사용자가 입력한 값이 컴퓨터가 고른 동물과 다르면 계속 물어봐. **!=는 '같지 않다'라는 뜻이야.**

즉,
너희가 정답을 못 맞췄을 때는 조건이 True → 반복문 계속 실행
너희가 정답을 맞췄을 때는 answer == secret 이 되어 조건이 False
→ 반복문 종료

정리하자면,
!= 연산자는 두 값이 다를 때만 참(True) 이 돼.
그래서 while 문이 "정답을 맞출 때까지" 계속 반복되도록 해주는 거지!

answer == secret 조건으로 코드를 다시 짜면 이렇게 바뀌지.

```
import random

def guess_animal():
    animals = ["강아지", "고양이", "토끼", "오리"]
    secret = random.choice(animals)

    while True:
        answer = input("컴퓨터가 생각한 동물은 무엇일까요? ")
        if answer == secret:
            print("정답!")
            break
        else:
            print("아니에요. 다시 맞혀보세요!")

guess_animal()
```

클래스를 알아보자

이번에는 클래스(Class)라는 것을 배워볼 거야.

클래스는 쉽게 말하면 설계도야. 자동차를 만들기 전에 설계도를 그리듯, 클래스는 나중에 만들 객체의 틀을 만들어 주는 거지.

그리고 이 설계도로 실제로 만들어진 물건이 바로 객체야. 예를 들어, '자동차 클래스'를 만들면, 그 클래스로 '빨간 자동차', '파란 자동차' 같은 여러 자동차 객체를 만들 수 있어. 설계도를 조금만 바꾸면 '빠른 초록 자동차'도 쉽게 만들어낼 수 있지.

이번 단원에서는 객체가 무엇인지와, 객체를 만들고 활용하기 위해 클래스를 어떻게 쓰는지를 알아보자.

객체의 개념 이해하기

옛날에는 프로그램을 만들 때 코드를 순서대로 줄줄이 쓰는 방법을 많이 썼어. 이걸 절차 지향 프로그래밍이라고 해.

예를 들어 게임 속 캐릭터 하나를 만든다고 해보자. 캐릭터의 이름을 정하고, 체력을 정하고, 공격하는 방법을 만들고, 방어하는 방법도 정해야 해. 이렇게 해야 겨우 캐릭터 하나가 완성돼.

그런데 게임 속에는 캐릭터가 몇 명 있을까? 하나가 아니라 수십 명, 수백 명이지!
만약 이런 과정을 캐릭터마다 다 해줘야 한다면?
코드가 끝도 없이 길어지고, 고치기도 정말 힘들 거야.

그래서 나온 방법이 바로 객체 지향 프로그래밍(OOP)이야. 파이썬도 이 방식을 쓰는 대표적인 언어지.

객체(Object)가 뭘까? 우리 주변을 보면 눈에 보이는 모든 게 객체야.
집에서 키우는 강아지, 내가 타는 자전거, 그리고 게임 속 캐릭터도 모두 객체라고 할 수 있어.

객체는 단순히 물건을 말하는 게 아니야. 게임 속 캐릭터처럼 여러 가지 성질을 가지고 있단다.

· 객체가 꼭 가져야 하는 기본 특징

1. 속성(Attribute)

객체가 가진 특징이나 정보를 말해.

예시) 캐릭터의 이름, 체력, 레벨

2. 행동(Method)

객체가 할 수 있는 동작이야.

예시) 공격하기, 점프하기, 아이템 줍기

3. 상태(State)

지금 객체가 어떤 모습인지 보여주는 거야.

예시) 체력이 10밖에 안 남았다 → "위태로운 상태"

4. 고유성(Identity)

똑같이 생긴 캐릭터라도 서로 다른 존재라는 뜻이야.

예시) 같은 "용사 클래스"에서 만든 캐릭터라도 "내 용사"와 "친구 용사"는 구분됨

그는 항상 피곤하다.
용사지만 체력 때문에 전투가 힘든 **상태**!

속성

[이름: 용사 아뽈
체력: -300
레벨: 1레벨(초급)]

행동

[공격: 아재개그
방어: 없음
기타: 우리랑 편의점 간식 싹쓸이]

고유성

[세상에서 제일 멋진 우리 아빠!]

조금 더 깊이 들어가 볼까? 객체를 더 편리하고 안전하게 사용하려면 이런 성질들도 필요해.

· 객체의 추가적인 특징

1. 캡슐화(Encapsulation)

객체 안에 정보(속성)와 동작(행동)을 하나로 묶어 놓고, 다른 사람이 막 건드리지 못하게 지켜주는 거야.

예시) 캐릭터의 체력은 마음대로 바꿀 수 없고, '회복하기' 같은 행동으로만 바뀜

2. 추상화(Abstraction)

복잡한 속은 숨기고, 꼭 필요한 것만 보여주는 거야.

예시) 자동차를 탈 때 운전대랑 페달만 알면 되고, 엔진 속은 몰라도 됨

3. 상속(Inheritance)

부모 클래스의 특징을 자식 클래스가 물려받는 거야.

예시) "동물 클래스" → "강아지 클래스, 고양이 클래스"가 특징을 이어받음

4. 다형성(Polymorphism)

같은 행동 이름이라도 객체마다 다르게 실행될 수 있다는 뜻이야.

예시) "공격하기"라는 행동이 → 전사는 칼을 휘두르고, 마법사는 마법을 씀

정리하자면,

객체는 속성과 행동을 가지고, 상태와 고유성으로 서로 구별돼.
조금 더 깊게 들어가면, 객체는 안전하게 감싸고(캡슐화), 필요한 것만 보여주고(추상화), 서로 물려받을 수 있고(상속), 같은 행동도 다르게 할 수 있어(다형성).

멋지게 만들어 준다더니, 체력이 왜 -300이야!
항상 피곤한 상태는 또 뭐야!
고쳐줘! 바꿀래!

캡슐화 때문에 아빠가 마음대로 못고치는거 알잖아요.
포기하세요;;;

클래스를 만드는 방법

앞에서 객체가 뭔지 배웠지? 이제는 그 객체를 파이썬 코드로 직접 만들어 보는 방법을 배워볼 거야.

객체를 코드로 만든다는 건, 바로 클래스를 만든다는 뜻이야. 클래스를 만든다는 건, 설계도를 코드로 적고, 그 설계도로 실제 객체를 찍어내서 시험해 보고, 필요하면 고쳐 가는 과정이야.

파이썬에서 클래스를 만들 때는 보통 이런 순서로 진행해.

1. 클래스 이름을 적어.
→ class Character: 이렇게 한 줄로 시작해.

2. 태어날 때 넣을 정보(속성)를 정해.
→ __init__ 안에 self.name, self.hp처럼 캐릭터마다 다른 값을 저장하지.

3. 행동(메서드)을 넣어.
→ attack(), heal() 같은 걸 적으면 캐릭터가 스스로 행동할 수 있어.

4. 객체를 만들어.
→ hero = Character("용사 아볼", 30)라고 하면 캐릭터 하나가 만들어져. 그 다음 hero.attack()처럼 행동시킬 수 있어.

5. 실행해서 확인하고 고쳐.
→ print()로 값이 잘 들어갔는지 보고, 필요하면 조금씩 바꿔가면서 다듬으면 돼.

아하!
1번에서 3번까지가 캐릭터를 만들기 위한 틀이구나!

4번에서 hero라는 실제 용사 캐릭터가 만들어지는 거구나!
그럼 4번으로 다른 캐릭터도 만들 수 있겠네!

여기서 제일 중요한 건 2번 과정의 self야.
self는 "캐릭터 틀 자체"를 가리키는 이름이라고 생각하면 돼.

예를 들어, 캐릭터 hero를 만들었다고 해 보자.

우리는 캐릭터의 이름(name)과 체력(hp)을 설정하고 싶어.
그럼 클래스 안에서 캐릭터의 이름과 체력을 담을 칸을 만드는 거야.

- self.name = name → "앞으로 태어날 캐릭터의 이름은 name이야"
- self.hp = hp → "앞으로 태어날 캐릭터의 체력은 hp이야"

3번 과정까지 클래스를 다 만들었다면,
4번 과정에서 실제 캐릭터 hero를 만들 때 이름은 "용사 아볼", 체력은 30으로 각각 self.name과 self.hp 칸에 값이 들어가는 거야.

참! 중요한 게 하나 더 있어.
만든 캐릭터가 행동하게 하고 싶으면 점(.)을 찍어서 명령을 내려야 해.

예를 들면 이렇게 말이지.

- hero.name → 용사의 이름을 꺼내 보여줘
- hero.attack() → 용사가 공격하는 행동을 실행해

정리하면,

- **self = "틀 자체에서 빈칸을 만들 때"**
- **객체이름.속성/메서드 = "실제 객체에게 일을 시킬 때"**

처음에는 조금 낯설어 보여도 걱정하지 마.
코드를 만들어 보고 실행해 보면, "아, 이런 거구나!" 하고 금방 이해할 수 있어.

그러니까 코드로 보면, 클래스 안에서는 self.name이
클래스 밖에서는 hero.name이 되는 거군요!!

맞아!!
다들 이제 클래스의 대략적인 개념을 확실히 알았구나!

그럼 이번에는 실제로 클래스 코드를 만들어 보자.
한 줄 쓰고 실행 → 결과 보기 → 한 줄 더 추가하는 방식으로 차근차근 진행할 거야.
이렇게 하면 클래스가 어떻게 돌아가는지 자연스럽게 감이 잡힐 거야.

자, 지금부터 천천히 따라해 보자!

1. 클래스 만들기

```
class Character:
```

→ class라는 단어를 쓰면 클래스 틀이 만들어져.
Character는 클래스 이름이야

2. 객체가 만들어질 때 초기 속성 정하기

```
class Character:
    def __init__(self, name, hp):
        self.name = name  # 캐릭터 이름
        self.hp = hp      # 캐릭터 체력
```

→ __init__ 메서드는 객체를 만들 때 속성을 설정해주는 특별한 함수야.
양 옆의 __(언더바 두 개)는 특별한 기능이 있는 함수라는 뜻이야.
이런 함수는 '더블 언더바 메서드' 또는 '스페셜 메서드'라고 불러.

→ self.name과 self.hp는 이 캐릭터의 속성이야.

→ #으로 적은 주석은 컴퓨터가 읽지 않아.
우리가 이해하기 쉽게 넣어둔 메모라고 생각하면 돼.

3. 객체가 할 수 있는 행동(메서드) 정하기

```
class Character:
    def __init__(self, name, hp):
        self.name = name
        self.hp = hp

    def attack(self):
        print(f"{self.name}이가 공격했다!")
```

→ attack()이라는 행동을 추가했어.
캐릭터가 공격할 때마다 메세지를 보여줘.

4. 클래스에서 객체 만들기

```
class Character:
    def __init__(self, name, hp):
        self.name = name
        self.hp = hp

    def attack(self):
        print(f"{self.name}이가 공격했다!")

hero1 = Character("용사 아볼", 30)
monster = Character("괴물", 30)
```

→ 같은 클래스에서 서로 다른 캐릭터를 만들 수 있어.
hero1는 용사 아볼이고, monster는 괴물처럼 각각 다른 객체가 되는 거지.

용사랑 괴물을 같은 틀에서 만들다니 이상하지?
하하하!
우리가 만든 클래스는 이름과 체력, 공격 기능만 설정해 놨으니까 충분히 가능하단다!
이 세 가지는 용사와 괴물에게 둘 다 필요한 항목이니까 말이지.
이게 바로 클래스를 쓰는 이유야.

5. 객체 속성과 행동(메서드) 사용하기

```
class Character:
    def __init__(self, name, hp):
        self.name = name
        self.hp = hp

    def attack(self):
        print(f"{self.name}이가 공격했다!")

hero1 = Character("용사 아볼", 30)
monster = Character("괴물", 30)

print(hero1.name, hero1.hp)  # 용사 아볼, 30
hero1.attack()               # 용사 아볼이가 공격했다!
```

→ print(hero1.name, hero1.hp)로 용사 아볼의 이름과 체력을 확인할 수 있어.

→ hero1.attack()으로 용사 아볼이 공격하는 행동도 시켜볼 수 있어.

→ 이 코드를 적고 세모 버튼(▶)을 누르면, 주석으로 적어 놓은 내용이 화면에 출력돼. 결과 화면을 확인해 보니, 클래스가 제대로 만들어졌네!

```
용사 아볼, 30
용사 아볼이가 공격했다!
```

잠깐!
용사 아뽈 체력이 괴물이랑 똑같네?
이대로 혼자 싸우면 지겠는데?

하하 ;;
세돌이가 또 장난쳤나 보네요 ;;;
그럼 제가 도와드릴께요.

어흑, 내 체력이 약하니까 전사 기돌이라는 캐릭터를 추가로 만들어보자!
전사 기돌의 체력은 100이야. 우와, 부럽다ㅠ

```
# 캐릭터 클래스를 먼저 만들자
class Character:
    def __init__(self, name, hp):
        self.name = name  # 캐릭터 이름
        self.hp = hp      # 캐릭터 체력

    # 공격 기능 만들기
    def attack(self, other):
        print(f"{self.name}이가 {other.name}을 공격했다!")
        other.hp -= 10  # 공격하면 상대 체력 10 감소

    # 상태 확인 기능
    def show_status(self):
        print(f"{self.name}의 체력: {self.hp}")

# 캐릭터 만들기
hero1 = Character("용사 아볼", 30)
monster = Character("괴물", 30)

# 공격 시뮬레이션
hero1.attack(monster)  # 용사 아볼이 몬스터를 공격
monster.show_status()  # 괴물의 체력 확인

# 여러 캐릭터 추가
hero2 = Character("전사 기돌", 100)
hero2.attack(monster)  # 전사 기돌이 몬스터를 공격
monster.show_status()  # 괴물의 체력 확인
```

```
용사 아볼이가 괴물을 공격했다!
괴물의 체력: 20
전사 기돌이가 괴물을 공격했다!
괴물의 체력: 10
```

잠깐 퀴즈!

Q. 다음의 코드를 읽어 보자.
만약 코드가 어려워 보이면, 주석을 참고하자.

```
# 캐릭터 클래스 만들기
class Character:
   def __init__(self, name, hp, attack_power):
      self.name = name      # 캐릭터 이름
      self.hp = hp          # 캐릭터 체력
      self.attack_power = attack_power  # 캐릭터 공격력

   # 공격 기능
   def attack(self, other):
      other.hp -= self.attack_power   # 공격하면 상대 체력 감소
      print(
         f"{self.name}이가 {other.name}을 공격했다! "  # 공격 상황 설명
         f"(-{self.attack_power} 체력)"             # 감소한 체력 표시
)

      # 상대가 쓰러졌는지 확인
      if other.hp <= 0:
         other.hp = 0
         print(f"{other.name}이 쓰러졌다!")

   # 상태 확인 기능
   def show_status(self):
      print(f"{self.name}의 체력: {self.hp}")

# 캐릭터 만들기
hero = Character("용사 아볼", 30, 15)
monster = Character("괴물", 30, 10)

# 공격 시뮬레이션
while monster.hp > 0:  # 괴물이 살아 있는 동안 계속 공격
   hero.attack(monster)
   monster.show_status()
```

이 코드는.. 아빠의 사심이 가득한데?
괴물이 쓰러질 때까지 아빠만 공격하는 코드잖아?

체력이 30밖에 없잖아. 나도 좀 살자. ㅠ

하하 ;;
어쨌든 결과 화면은 이렇게 나오겠네요!

```
용사 아뵐이가 괴물을 공격했다! (-15 체력)
괴물의 체력: 15
용사 아뵐이가 괴물을 공격했다! (-15 체력)
괴물이 쓰러졌다!
괴물의 체력: 0
```

함수와 메서드의 차이점

너희들, 함수랑 메서드가 뭐가 다른지 아니?

프로그래밍을 배우다 보면 함수랑 메서드가 헷갈릴 때가 있어.
그 이유는 둘 다 "어떤 일을 시켜주는 코드"라서 비슷하게 보여서야.

근데 차이가 있어.

함수는 누구의 것도 아닌 혼자 하는 일이야.
예를 들어 print() 같은 함수는 그냥 실행하면 바로 결과가 나와.

반대로 메서드는 특정 캐릭터나 객체가 할 수 있는 행동이야.
객체가 있어야 쓸 수 있고, 객체 안에 붙어 있는 함수라고 생각하면 돼.

예를 들어 용사 hero가 hero.attack(monster)라고 하면, attack()은 hero 캐릭터만 할 수 있는 행동이지.
즉, 메서드는 누가 하는지가 정해져 있는 거야.

Q. 연습문제

1-6. 주석을 보고 다음 코드의 빈칸을 채워보자!

```
# 1. 캐릭터 클래스 만들기
class Character:
    def __init__(self, name, hp, attack_power):
        self.name = name        # 캐릭터 이름
        self.hp = hp            # 캐릭터 체력
        self.attack_power = attack_power  # 공격력

    # 공격 기능
    def attack(self, other):
        if self.hp <= 0:
            print(f"{self.name}은 체력이 없어서 공격할 수 없어!")
            return

        damage = __________    # Q1: 공격력 변수를 넣어보자
        print(f"{self.name}이가 {other.name}을 공격했다! (-{damage} 체력)")
        other.hp -= __________    # Q2: 상대 체력에서 공격력만큼 빼보자
        if other.hp <= 0:
            other.hp = 0
            print(f"{other.name}이 쓰러졌다!")

    # 상태 확인 기능
    def show_status(self):
        print(f"{self.name}의 체력: {__________}")
            # Q3: 자기 체력을 보여주도록 완성해보자

# 2. 캐릭터 만들기
hero1 = Character("용사 아볼", 30, 15)
monster = Character("괴물", 50, 5)
hero2 = Character("전사 기돌", 100, 30)
```

```
# 3. 돌아가며 공격하는 시뮬레이션
turns = [hero1, monster, hero2]
for character in turns:
    if character == hero1:
        character.attack(__________) # Q4: hero1이 공격할 대상은?
    elif character == hero2:
        character.attack(__________) # Q5: hero2가 공격할 대상은?
    elif character == monster:
        character.attack(__________) # Q6: 몬스터가 공격할 대상은?

    # 공격 후 상태 확인
    hero1.show_status()
    hero2.show_status()
    monster.show_status()
    print("---")
```

· **실행 결과 화면**

```
용사 아볼이가 괴물을 공격했다! (-15 체력)
용사 아볼의 체력: 30
전사 기돌의 체력: 100
괴물의 체력: 35
---
괴물이가 용사 아볼을 공격했다! (-5 체력)
용사 아볼의 체력: 25
전사 기돌의 체력: 100
괴물의 체력: 35
---
전사 기돌이가 괴물을 공격했다! (-30 체력)
용사 아볼의 체력: 25
전사 기돌의 체력: 100
괴물의 체력: 5
```

정답은 바로 뒤에 있어. 어려워 보여도 넌 충분히 할 수 있어!
먼저 혼자 한 번 생각해 보고, 정말 막히면 그때만 참고해 보자.

A. 정 답

1-6. 주석을 보고 다음 코드의 빈칸을 채워보자!

```
# 1. 캐릭터 클래스 만들기
class Character:
    def __init__(self, name, hp, attack_power):
        self.name = name        # 캐릭터 이름
        self.hp = hp            # 캐릭터 체력
        self.attack_power = attack_power  # 공격력

    # 공격 기능
    def attack(self, other):
        if self.hp <= 0:
            print(f"{self.name}은 체력이 없어서 공격할 수 없어!")
            return

        damage = self.attack_power   # Q1: 공격력 변수를 넣어보자
        print(f"{self.name}이가 {other.name}을(를) 공격했다! (-{damage} 체력)")
        other.hp -= damage       # Q2: 상대 체력에서 공격력만큼 빼보자
        if other.hp <= 0:
            other.hp = 0
            print(f"{other.name}이 쓰러졌다!")

    # 상태 확인 기능
    def show_status(self):
        print(f"{self.name}의 체력: {self.hp}")
            # Q3: 자기 체력을 보여주도록 완성해보자

# 2. 캐릭터 만들기
hero1 = Character("용사 아볼", 30, 15)
monster = Character("괴물", 50, 5)
hero2 = Character("전사 기돌", 100, 30)
```

```
# 3. 돌아가며 공격하는 시뮬레이션
turns = [hero1, monster, hero2]
for character in turns:
    if character == hero1:
        character.attack(monster)  # Q4: hero1이 공격할 대상은?
    elif character == hero2:
        character.attack(monster)  # Q5: hero2가 공격할 대상은?
    elif character == monster:
        character.attack(hero1)  # Q6: 몬스터가 공격할 대상은?

    # 공격 후 상태 확인
    hero1.show_status()
    hero2.show_status()
    monster.show_status()
    print("---")
```

라이브러리를 알아보자

우리가 지금까지 배운 파이썬 코드는 대부분 직접 하나하나 만들었지? **근데 사실 파이썬에는 이미 누가 만들어 둔 '도구 상자' 같은 게 있어. 이걸 바로 라이브러리(library) 라고 해.**

라이브러리를 쓰면 우리가 힘들게 코드를 다 짤 필요 없이, 필요한 기능을 꺼내서 쓸 수 있어.
예를 들어, 전에 배운 random 도 사실 파이썬에 들어있는 라이브러리 중 하나야.
random 덕분에 주사위 굴리기, 가위바위보 같은 걸 쉽게 만들 수 있었던 거지.

이 단원에서는 random 말고도 시간을 다루는 라이브러리, 수학 계산을 도와주는 라이브러리, 그림을 그리는 라이브러리 같은 걸 배워볼 거야.
그리고 마지막에는 배운 걸 합쳐서, 컴퓨터가 매번 다른 짧은 이야기를 만들어주는 프로젝트도 해볼 거야.

기대되지?

import로 불러오기

random을 배울 때, 우리가 먼저 import로 도구 상자를 꺼내왔던 거 기억나?

파이썬에서 import는 "도구 상자를 꺼내는 말"이야. 라이브러리를 쓰려면 먼저 그 라이브러리를 가져와야 하는데, 그때 쓰는 게 바로 import야.

예를 들어 import random이라고 쓰는 순간, random이라는 도구 상자가 우리 코드에 연결되는 거지. 그 다음에는 그 안에 들어 있는 여러 가지 기능(함수)을 마음대로 꺼내서 사용할 수 있어.

random을 쓰고 싶다는 거지?
알았어!
그럼 내가 도구 상자를 꺼내올게!

시간을 다루는 라이브러리

"3초 뒤에 게임을 시작합니다!"
"오늘은 몇 월 며칠일까요?"
"내 생일까지 며칠 남았을까?"

이런 걸 파이썬 코드가 직접 말해 줄 수 있다면 신기하지 않을까?
그게 바로 시간 마법 라이브러리의 힘이야!

파이썬에는 time과 datetime이라는 특별한 도구 상자가 있어.
이걸 쓰면 기다리기, 날짜 계산, 시간 기록 같은 걸 마음대로 다룰 수 있지!

· time : 기다림과 타이머

time은 프로그램에서 시간을 다루는 도구야. 잠깐 기다리게 하고 싶을 때는 time.sleep(초), 현재 시간을 초 단위로 알고 싶을 때: time.time()을 써

```
import time

print("3초 뒤에 시작합니다!")
time.sleep(3)   # 3초 동안 기다림
print("시작!")

# 현재 시간을 초 단위로 확인
current_time = time.time()
print("지금까지 흐른 시간(초):", current_time)
```

```
3초 뒤에 시작합니다!
시작!
지금까지 흐른 시간(초): 1728612345.678901
```

위 코드를 실행하면, time.sleep(3) 때문에 3초 동안 기다린 뒤 "시작!"이 출력돼. 그리고 time.time() 덕분에 마지막 줄에는 컴퓨터가 켜진 이후 흐른 시간이 초 단위로 나타나.

· datetime : 날짜와 달력

datetime은 날짜와 시간을 계산하고 다루는 도구야. 오늘 날짜를 확인하거나, 생일까지 남은 일수를 계산하는 데 사용할 수 있어.

오늘 날짜가 궁금하면 이렇게 써봐.

```
import datetime

today = datetime.date.today()
print("오늘 날짜:", today)
```

```
오늘 날짜: 2025-04-12
```

datetime.date()를 이용하면 내 나이도 계산할 수 있지.

```
import datetime

today = datetime.date.today()
birthday = datetime.date(2015, 7, 7)  # 내 생일
age = today.year - birthday.year
print("내 나이:", age, "살")
```

```
내 나이: 10 살
```

잠깐 퀴즈!

Q. 내 생일까지 며칠이 남았는지는 어떻게 계산할 수 있을까?

```
내 생일까지 308일 남았어요!
```

힌트를 주자면, 오늘 날짜랑 내 생일을 컴퓨터가 이해할 수 있는 숫자와 달, 일로 만들어야 해.
즉, 컴퓨터가 "오늘이 몇 년, 몇 월, 며칠인지"랑 "내 생일이 몇 월, 며칠인지" 알 수 있어야 계산할 수 있다는 뜻이야.

그리고 만약 올해 생일이 이미 지났다면, 내년 생일로 바꿔야 해.
두 날짜를 빼면 남은 일수를 쉽게 계산할 수 있어.

항상 하는 말이지만!
내가 짠 코드를 보기 전에, 너희가 먼저 한 번 생각해보자!

```
import datetime

# 오늘 날짜
today = datetime.date.today()

# 내 생일 (예: 7월 7일)
birthday = datetime.date(today.year, 7, 7)

# 생일이 지났으면 내년으로 설정
if birthday < today:
    birthday = datetime.date(today.year + 1, 7, 7)

# 남은 날짜 계산
days_left = (birthday - today).days
print(f"내 생일까지 {days_left}일 남았어요!")
```

헷갈릴 수 있는 부분만 골라서 쉽게 설명해 줄게.

→ birthday = datetime.date(today.year, 7, 7)

datetime.date()는 날짜를 만들어 주는 도구야.
today.year는 올해 연도를 뜻하지.
즉 이 코드는 올해 7월 7일이라는 날짜를 birthday라는 이름으로 만들었다는 뜻이야.

숫자를 다루는 라이브러리

math는 숫자를 다루는 특별한 도구 상자야.
기본적인 계산뿐만 아니라, 게임 속 캐릭터의 체력, 공격력, 점수 같은 수치 계산을 간편하게 해 주지.

· 올림과 내림

```
import math

num = 3.7
print("올림:", math.ceil(num))   # 4
print("내림:", math.floor(num)) # 3
```

```
올림: 4
내림: 3
```

math.ceil()은 소수점을 올림하는 함수야. 그래서 3.7은 4가 되는 거지.
반대로 math.floor()는 소수점을 내림하는 함수야. 그래서 3.7은 3이 돼.

· 제곱근 계산

제곱근이란 어떤 수를 제곱했을 때 주어진 수가 되는 수를 말해. 예를 들어, 4의 제곱근은 2야. 왜냐하면 2 × 2 = 4니까.

파이썬에서는 math.sqrt()라는 함수를 사용해서 쉽게 제곱근을 구할 수 있어.

```
import math

num = 16
result = math.sqrt(num)  # 16의 제곱근 계산
print(result)
```

```
4.0
```

· 게임 점수 계산

게임을 만들 때 캐릭터 점수나 능력치를 계산해야 할 때가 많아.
그럴 때 math 라이브러리를 쓰면 복잡한 수학 계산을 쉽게 할 수 있어.

아래 예제는 게임 점수를 계산할 때 올림을 이용하는 방법이야.

```
import math

base_score = 73.2
bonus = 10
total_score = math.ceil(base_score + bonus)  # 점수 올림
print("총 점수:", total_score)
```

```
총 점수: 84
```

그림을 그리는 라이브러리

파이썬에는 거북이(turtle)라는 귀여운 친구가 있어.
맨날 딱딱한 이름만 보다가 거북이가 나오니까 신기하지?

거북이는 화면 위를 움직이면서 선을 그리거나 점을 찍을 수 있어.
물론 화면에 진짜 거북이가 나오는 건 아니니까 걱정 마! 하하

지금부터 거북이랑 같이 그림도 그리고, 코딩도 배워보는 시간을 가져볼 거야.
거북이를 움직이는 건 생각보다 쉬워! 앞으로 가기, 방향 바꾸기, 반복하기 같은 재미있는 명령어만 알면 돼.

자, 준비됐지?

거북이로 그림을 그린다구요?
어떻게 하는 거지?

· 거북이를 움직이는 기본 방법

먼저 거북이를 움직이는 기본 방법부터 알려줄께.
아래 코드를 잘 봐.

```
import turtle  # 거북이 그림을 그릴 수 있는 도구 가져오기

t = turtle.Turtle()  # 거북이 친구 만들기

# 도형 그리기 전 선과 색 정하기
t.pensize(3)            # 선 굵기를 3으로 정하기
t.pencolor(“blue”)    # 선 색은 파랑으로 정하기
t.fillcolor(“yellow”) # 도형 안 색은 노랑으로 정하기

# 사각형 그리기
t.begin_fill()        # 도형 안 색칠 시작
for _ in range(4):    # 4번 반복하면 사각형 완성
    t.forward(100)    # 앞으로 100만큼 가기
    t.right(90)       # 오른쪽으로 90도 돌기
t.end_fill()          # 도형 안 색칠 끝

# 원 그리기 (사각형 옆으로 이동)
t.penup()             # 이동할 때 선 안 그리기
t.goto(150, 0)        # x=150, y=0 위치로 가기
t.pendown()           # 다시 선 그리기 시작

t.fillcolor(“green”)  # 원 안 색을 초록으로 바꾸기
t.begin_fill()        # 원 안 색칠 시작
t.circle(50)          # 반지름 50짜리 원 그리기
t.end_fill()          # 원 안 색칠 끝

# 그림 끝내기
turtle.done()         # 그림 그리기 끝내고 창 유지
```

그림을 그리는 거북이를 불러오기 위해 import를 쓰는건 이제 말하지 않아도 알테고.
t = turtle.Turtle()로 거북이 친구를 만들면 결과 화면에 ➤ 모양의 커서가 나와.

그리고 마치 애니메이션을 보듯이 커서가 움직이면서 사각형과 원을 그리지. 거북이 커서가 다 움직이고 난 다음 화면은 이렇게 보일거야.

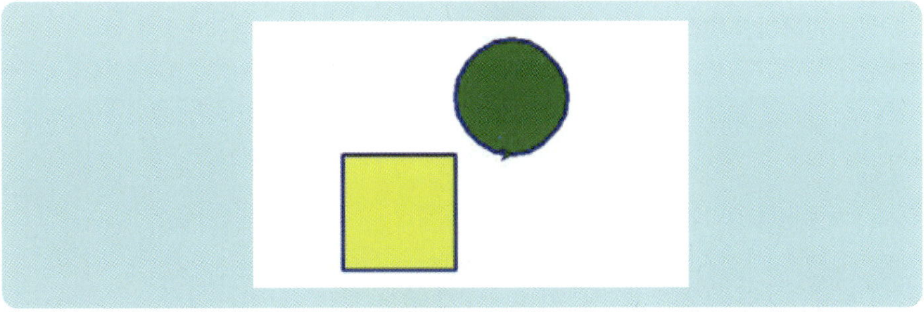

초록색 원 위에 거북이 커서가 보이지? 그림 그리기가 끝났기 때문에 거북이는 이제 움직이지 않아.

참, 도형의 선 색이나 안을 채울 색을 미리 정하지 않으면 컴퓨터는 색칠을 할 수 없어. 색을 채우려면 먼저 색과 색칠 시작을 알려주는 순서가 필요해.

→ **t.fillcolor("green")**
도형 안에 채울 색을 정해.

→ **t.begin_fill()**
여기서부터 그리는 도형 안을 색칠할 준비를 해.

→ **t.circle(50)**
이제 원을 그려.

→ **t.end_fill()**
색칠 마무리!

즉, 채우기 색을 먼저 정하고, begin_fill → 도형 그리기 → end_fill 순서로 해야 도형 안에 색이 제대로 들어가는 거야.

잊지마!

거북이는 미리미리 준비하는 걸 좋아하는 타입이었구나!

· 반복문으로 패턴 만들기

turtle과 for문을 사용하면 도형을 여러 번 반복해서 그릴 수 있어.
도형을 반복하면 멋진 패턴도 만들 수 있겠지?

```
import turtle

t = turtle.Turtle()  # 거북이 친구 만들기

# 선 굵기와 색 설정
t.pensize(3)
t.pencolor("blue")

# 삼각형 6개를 이어서 그리기
for _ in range(6):          # 6번 반복
    for _ in range(3):      # 한 번에 삼각형 1개 그리기
        t.forward(100)      # 앞으로 100만큼 이동
        t.right(120)        # 오른쪽으로 120도 돌기 (삼각형 각도)
    t.right(60)             # 다음 삼각형 위치 맞추기 위해 오른쪽으로 60도 돌기

turtle.done()  # 그림 완료
```

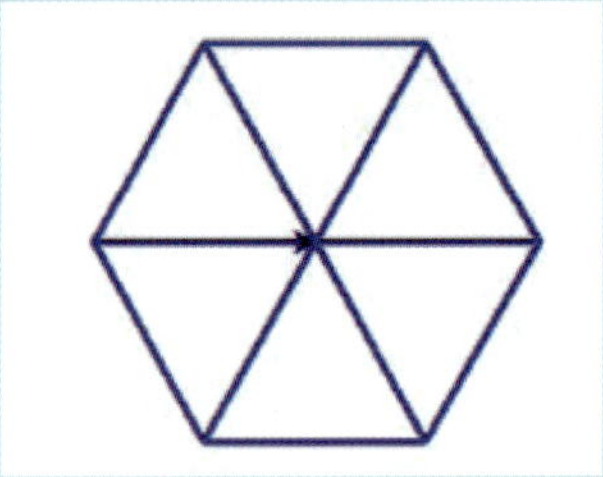

여기서 너희가 어려워할 만한 부분만 골라서 설명해볼게.

→ t.right(120)

삼각형을 그릴 때 왜 오른쪽으로 60도가 아니라 120도를 돌아야 할까?

정삼각형을 생각해보자. 삼각형 안쪽 각, 즉 내각은 60도야.
그런데 거북이가 한 변을 그린 다음 돌아야 할 회전 각도는 120도야.

왜냐하면 거북이는 삼각형 외쪽으로 돌아야 다음 변을 그릴 수 있기 때문이지.

세모 버튼(▶)을 눌러서 거북이가 어떻게 움직이는지 직접 보면 훨씬 이해하기 쉬울 거야!

잠깐 퀴즈!

Q. 앞에서 배운 코드를 이용해서 이번에는 이런 모양을 만들어보자.

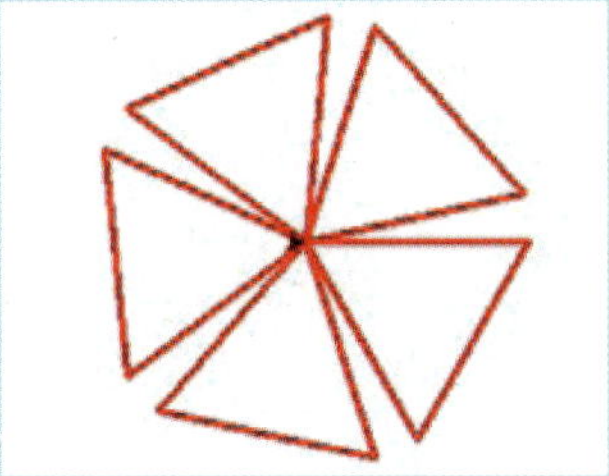

이번에는 내가 코드를 짤 때 도움이 될 힌트를 줄게!
난 이미 풀었거든, 엣헴!

벌써 풀었다구!
대단한데?!!!

꽃잎이 5개니까 삼각형을 그리는 작업을 for문으로 5번 반복!
삼각형 사이의 회전 각도는 360 ÷ 5 = 72° !!

저 앞의 코드에 지금 내가 말한 정보를 잘 넣으면 되겠죵?!

우리 세돌이, 똑똑하게 잘 컸구나. ㅜㅠ

와아! 세돌이 말대로 하니까 그림이 완성되네?!

그럼 세돌이가 짠 코드를 공개할께.
너는 어떻게 코드를 짰니?

```
import turtle

t = turtle.Turtle()  # 거북이 친구 만들기
t.pensize(3)
t.pencolor("red")

# 삼각형 5개를 이어서 꽃 모양 만들기
for _ in range(5):        # 5번 반복 → 꽃잎 5개
    for _ in range(3):   # 한 번에 삼각형 1개 그리기
        t.forward(100)
        t.right(120)
    t.right(72)          # 다음 삼각형 위치 맞추기 (360 ÷ 5 = 72도)

turtle.done()  # 그림 완료
```

외부 라이브러리 불러오기

파이썬은 기본 기능만 있어도 많은 걸 할 수 있지만, 더 쉽고 빠르게 특별한 기능을 쓰고 싶을 때가 있어. 그럴 때 필요한 게 외부 라이브러리야.

외부 라이브러리는 다른 사람들이 만들어서 인터넷에 공개한 편리한 도구 상자라고 생각하면 돼.
이걸 가져다 쓰면 게임 만들기, 그림 그리기, 계산, 인공지능 같은 어려운 일도 쉽게 할 수 있어!

외부 라이브러리는 pip를 통해 내 컴퓨터에 설치할 수 있어.
그럼 지금부터 어떻게 설치하고 사용하는지 하나씩 알아보자.

이제 진짜 인공지능에 한 발짝 다가가는구나!

외부 라이브러리를 설치하려면 터미널(Terminal)이라는 곳에 들어가야 해.
터미널은 컴퓨터에게 "이렇게 해줘!" 하고 명령을 직접 말하는 창이라고 생각하면 돼.

1. 파이참(Pycharm) 터미널

파이참 화면 아래쪽을 보면 Terminal 탭 이 있어.
그걸 클릭하면 검은 화면이 나오는데, 이게 바로 터미널이야.
여기에서 명령어를 입력하면 파이썬이 바로 실행해줘.

2. 윈도우 터미널(CMD)

화면 왼쪽 아래에 창문 모양 시작 버튼이 있어.
클릭한 후 입력창에 cmd라고 쓰고 Enter 키를 누르자.
또는 윈도우 키 + R을 누른 뒤 나타나는 입력창에 cmd라고 쓰고 Enter 키를 눌러.

검은 화면이 나오면 여기서 명령어를 입력하면 돼.

3. 맥 터미널

Launchpad를 눌러 터미널을 찾아 클릭해.
화면이 새로 열리면 윈도우랑 똑같이 명령어를 입력하면 돼.

터미널이라는 곳이 낯선 검정색 화면이라고?
걱정하지 않아도 돼. 터미널 화면이 검정색이라고 겁먹을 필요 없어.
명령어만 정확히 입력하면 라이브러리를 쉽게 설치할 수 있어!

나는 게임을 만들 수 있는 pygame 라이브러리를 설치해볼 거야.

pygame은 파이썬으로 게임을 쉽게 만들 수 있게 도와주는 외부 라이브러리야.
화면에 그림을 띄우고 캐릭터를 움직이고 점수를 계산하고 버튼을 눌렀을 때 반응하게 할 수 있어.
게임뿐만 아니라 간단한 애니메이션도 만들 수 있단다.

자, 그럼 터미널에 이렇게 입력해줘!

```
pip install pygame
```

어떤 터미널 화면에서 코드를 입력했든, 엔터를 누르면 처음에는 복잡한 글자들이 와글와글 나타나고, 로딩 바가 나오기도 하면서 무언가 설치되는 느낌이 날 거야.
조금만 기다리면, 설치가 성공했다는 메시지도 보일 거야.

그럼 다시 파이썬 코드를 입력할 수 있는 화면으로 돌아와.
이제 pygame 라이브러리를 쓸 수 있어!

pygame을 쓸 수 있게 되었으니, 간단한 게임을 만들어볼까?

```
import pygame

# 게임 준비
pygame.init()  # 게임 시작

# 화면 설정
screen_width = 500
screen_height = 400
screen = pygame.display.set_mode((screen_width, screen_height))
pygame.display.set_caption("캐릭터 움직이기 게임")

# 색 설정
WHITE = (255, 255, 255)
RED = (255, 0, 0)

# 캐릭터 정보
character_size = 50
x = screen_width // 2 - character_size // 2
y = screen_height // 2 - character_size // 2
speed = 5

# 게임 반복 시작
running = True
while running:
    pygame.time.delay(30)  # 게임 속도 조절
```

```
    for event in pygame.event.get():
        if event.type == pygame.QUIT:  # 창 닫기 버튼 클릭
            running = False

    # 키보드 입력 확인
    keys = pygame.key.get_pressed()
    if keys[pygame.K_LEFT]:
        x -= speed
    if keys[pygame.K_RIGHT]:
        x += speed
    if keys[pygame.K_UP]:
        y -= speed
    if keys[pygame.K_DOWN]:
        y += speed

    # 화면 배경 그리기
    screen.fill(WHITE)

    # 캐릭터 그리기
    pygame.draw.rect(screen, RED, (x, y, character_size, character_size))

    # 화면 업데이트
    pygame.display.update()

pygame.quit()  # 게임 종료
```

여기서 너희가 어려워할 만한 부분만 골라서 설명해볼게.

→ **pygame.init()**
게임 시작 준비

→ **set_mode((가로, 세로))**
게임 창 크기 설정

→ **while running**
게임이 계속 돌아가도록 반복

→ **pygame.event.get()**
게임 안에서 일어나는 사건 확인

→ **pygame.key.get_pressed()**
화살표 키 입력 확인

→ **screen.fill(WHITE)**
배경 색칠

→ **pygame.draw.rect()**
캐릭터(빨간 사각형) 그리기

→ **pygame.display.update()**
화면 새로 그리기

→ **pygame.draw.rect()**
캐릭터(빨간 사각형) 그리기

이건 네가 키보드의 위·아래·왼쪽·오른쪽 버튼을 누르면 빨간 네모가 그 방향대로 움직이는 게임이야.
게임 창의 제목도 “캐릭터 움직이기 게임”이라고 멋지게 뜨지!
어때, 이제 점점 더 수준 있는 프로그래밍을 하는 기분이 들지 않아?

저 코드를 실행하고 세모 버튼(▶)을 누르면 이런 게임 화면이 나올 거야.

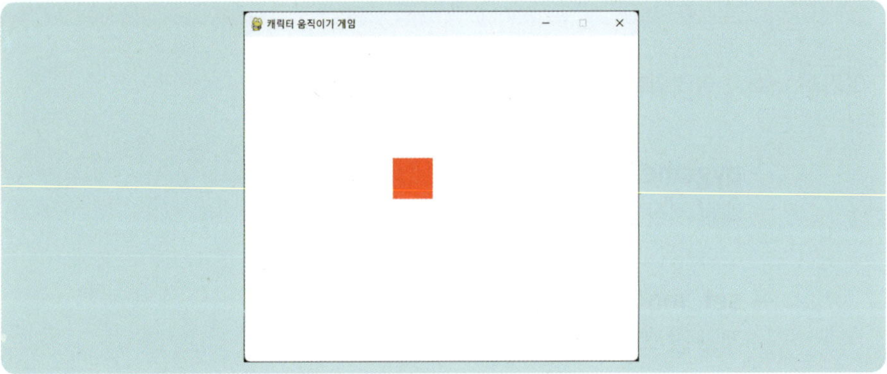

Q. 연습문제

1. 파이썬에서 기본 기능만으로는 할 수 없는 특별한 기능을 더 쉽게 쓰고 싶을 때 필요한 건 (   )이다.

1) 라이브러리
2) 사전
3) 계산기

2. 라이브러리는 다른 사람이 만든 (   ) 모음이라고 할 수 있다.

1) 그림
2) 코드
3) 책

3. 다른 사람이 만든 편리한 코드 묶음을 인터넷에서 가져와 내 컴퓨터에 설치하는 방법은 (   )을 사용하는 것이다.

1) pip
2) paint
3) ppt

4. pygame 라이브러리를 설치하면 (   )을 만들 수 있다.

1) 숙제
2) 음악
3) 게임

5. pygame 라이브러리를 설치한 뒤 파이썬 코드에서 pygame을 쓰려면 제일 먼저 어떤 코드를 써야 할까?

1) install pygame
2) import pygame
3) pygame start

정답: 1, 2, 1, 3, 2

기돌이의 일기

5월 5일 수 요일 날씨 파랗고 예쁜 하늘

아빠가 외부 라이브러리를 설명해 주실 때였다.

"테트리스 게임도 외부 라이브러리로 다운받을 수 있다"고 하시는 게 아닌가!

그럼 테트리스 라이브러리만 설치하면, 내가 머리 싸매고 코드를 하나하나 짤 필요 없이 간단하게 테트리스를 즐길 수 있다는 거잖아?! 세상에는 정말 대단한 능력자들이 많은 것 같다. 게다가 세상 어딘가에는 또 다른 보물같은 라이브러리들이 숨어 있을지 모른다.

그렇다고 해서 내가 기죽을 필요는 없지! 외부 라이브러리를 만드는 사람이 있으면, 그걸 더 발전시키는 사람도 있는 법이니까.

나도 지금부터 파이썬을 더 열심히 공부해서 언젠가는 훨씬 더 멋진 파이썬 프로그램을 만들어야겠다!

말하면 코딩된다!

바이브 코딩 첫걸음

하하하!!!
어쩌고 저쩌고
(즐거운 대화 중)
형아는 인공지능이랑 어떻게
저렇게 잘 대화하지?
난 가끔 내 말귀를 못 알아들어서
답답할 때가 있는데.
우리 세돌이잉~
인공지능이랑
잘 대화하고 싶었구나?
끄악!
드디어 이걸 알려줄 때가 왔군.
프롬프트의
5원칙!!!
그리고 바이브 코딩!!

..형아도 그 프뭐시기 5원칙 같은 거 써?
아니, 난 그냥 얘기하는 건데 ;;;
바이브 코딩은 또 뭐지??

프롬프트의 5원칙이란?

얘들아, 인공지능이랑 이야기할 때 어떻게 물어야 원하는 답을 얻을 수 있을까? 그런 생각 해본 적 있어?

혹시 친구들이나 다른 사람들은 인공지능을 잘 쓰는 것 같은데, 너는 어떻게 써야 할지 잘 모르겠다고 느낀 적 있지?
"이걸 물어봐도 될까?" 하고 망설이다가, 그냥 넘어간 적도 있을 거야.

사실 이유는 간단해.
인공지능은 우리가 보내는 질문이나 요청, 즉 프롬프트를 보고 답을 해.
그러니까 제대로 물어보지 않으면 원하는 답이 잘 안 나올 수도 있지.

그래서 이번 단원에서는 인공지능에게 잘 부탁하는 방법, 바로 프롬프트의 5원칙을 배워보려고 해.
각 원칙마다 구체적인 예시도 준비했으니까, 하나씩 따라오면 돼!

1. 분명하고 자세하게 써라

프롬프트를 쓸 때 가장 먼저 기억해야 할 것은 분명하고 자세하게 쓰는 것이야.
인공지능은 우리가 보내는 문장을 보고 답을 하기 때문에, 무슨 뜻인지 정확히 알려주지 않으면 원하는 답을 제대로 받을 수 없어.

예를 들어, 그냥 "그림 그려줘"라고만 하면, 인공지능은 어떤 색을 쓸지, 어떤 배경으로 그릴지, 등장인물이 무엇을 하고 있는지 전혀 알 수 없어. 그래서 우리가 기대한 것과는 다른 그림이 나올 수도 있지.

하지만 요청을 분명하고 자세하게 적으면, 인공지능은 우리가 원하는 조건을 알게 되고 훨씬 더 정확한 결과를 보여 줄 수 있어.
예를 들어, "빨간 모자와 파란 옷을 입은 캐릭터가 초록색 잔디 위에서 뛰는 장면을 그려줘"라고 구체적으로 쓰는 거야.

이렇게 하면 답을 받을 때 실망할 일이 훨씬 줄어들 거야.

그럼 이제 연습해 볼까? 내가 한 말을 분명하고 자세한 프롬프트로 고쳐서 말해 보자.

<좋지 않은 프롬프트>
펭귄에 대해 알려줘.

<좋은 프롬프트>
황제펭귄의 평균 몸무게와 키, 먹이 종류, 서식지를 초등학생도 쉽게 이해할 수 있게 알려 줘.

<좋지 않은 프롬프트>
지도를 잘 그리고 싶어.

<좋은 프롬프트>
한국 지도에 17개 시도와 주요 강, 산 위치를 표시하면서 쉽게 따라 그릴 수 있는 방법을 알려 줘.

<좋지 않은 프롬프트>
간식 추천해줘.

<좋은 프롬프트>
혼자서 간단히 만들 수 있는 3가지 과일 간식을 재료와 만드는 방법까지 자세히 알려 줘.

잠깐 퀴즈!

아래 좋지 않은 프롬프트를 보고, 좋은 프롬프트로 바꿔 보자.
힌트: 내가 원하는 내용을 최대한 자세히 써야 해.

<좋지 않은 프롬프트>
날씨 알려줘.

좋은 프롬프트로 바꾸기: ______________________________

정답 예시: 오늘 서울의 오후 2시 기온과 날씨 상태를 알려 줘.

· 핵심 포인트 정리

<제1원칙> 분명하고 자세하게 써라.
→ 정보의 구체화

· 프롬프트는 명확하고 구체적이어야 한다.
· 필요한 정보를 빠짐없이 적는다.
· 애매한 표현은 피한다.

2. 무엇을 얻고 싶은지 알려라

프롬프트를 쓸 때는 무엇을 얻고 싶은지, 어떤 답을 원하는지 목표를 분명히 적는 게 아주 중요해.

예를 들어, 그냥 "책 추천해줘"라고만 하면, 인공지능은 우리가 정확히 어떤 책을 원하는지 알 수 없어. 몇 권이 필요한지, 누구한테 맞는 책인지, 난이도는 어떤지 전혀 모르니까, 우리가 기대한 답과 완전히 다른 결과가 나올 수도 있지.

하지만 질문에 목표를 분명히 적어주면, 인공지능이 우리가 원하는 방향으로 정확하게 답을 줄 수 있어.

예를 들어, "초등학교 4학년이 읽기 좋은 모험 동화 3권을 추천해줘"라고 구체적으로 목표를 알려주는 거야. 이렇게 하면 인공지능이 혼자 추측하지 않고, 우리가 얻고 싶은 답을 딱 맞춰서 알려 줄 수 있어.

즉, 목표를 명확히 알려주면 인공지능이 혼자 추측하지 않고, 우리가 원하는 답에 딱 맞춰 안내해 주는 거야.

그럼 이제 연습해 볼까? 내가 한 말을 목표를 정확히 적는 프롬프트로 바꿔서 말해 보자.

<좋지 않은 프롬프트>
확률 숙제 도와줘.

<좋은 프롬프트>
초등학교 6학년 수학 수준에서, 주사위를 던졌을 때 3이 나올 확률을 계산하는 방법을 단계별로 자세히 알려줘.

<좋지 않은 프롬프트>
심심해.

<좋은 프롬프트>
집에서 혼자 심심할 때 할 수 있는 재미있는 과학 실험 3가지를 재료와 방법까지 자세히 알려 줘.

<좋지 않은 프롬프트>
엄마 선물로 뭐가 좋을까?

<좋은 프롬프트>
엄마에게 깜짝 선물을 주고 싶어.
예산은 5000원이고, 실용적이면서 특별한 선물이 있을까?

잠깐 퀴즈!

아래 좋지 않은 프롬프트를 보고, 좋은 프롬프트로 바꿔 보자.
힌트: 무엇을, 어떻게, 어떤 조건으로 원하는지 구체적으로 써야 해.

<좋지 않은 프롬프트>
게임 만들고 싶어.

좋은 프롬프트로 바꾸기: ______________________________

정답 예시:
파이썬으로 사용자가 숫자를 맞추는 추측 게임을 만드는 방법을 순서대로 알려 줘.

· 핵심 포인트 정리

<제2원칙> 무엇을 얻고 싶은지 알려라.
→ 목표 명확화

· 무엇을 얻고 싶은지 명확히 적는다.
· 어떤 방식으로 답을 받을지 구체화한다.
· 대상·수준·형식 같은 조건을 포함한다.

3. 인공지능에게 역할을 맡겨라

제1원칙과 제2원칙은 프롬프트를 쓸 때 가장 기본적이고 먼저 지켜야 하는 필수 원칙이야.

하지만 여기서 끝이 아니야. **제3원칙부터는 인공지능에게서 보다 풍부하고 질 높은 답변을 얻는 방법을 다루는 거야.**

그 첫 번째 방법이 바로, 제3원칙 인공지능에게 역할을 부여하는 것이야.
인공지능에게 특정 역할이나 전문성을 맡기면, 답변의 질과 일관성이 훨씬 높아지거든.

예를 들어,

"역사 선생님처럼 임진왜란을 설명해줘"
"환경 전문가의 입장에서 기후변화를 설명해줘"

처럼 인공지능에게 역할을 정해주면, 우리가 원하는 관점과 깊이로 답을 얻을 수 있어.

그럼 이제 연습해 볼까?
내가 하고 싶은 일을 말하면, 너는 인공지능에게 어떤 역할을 주고, 어떤 프롬프트로 바꿔야 하는지 생각해 보는 거야.

<내가 하고 싶은 일>
친구와 화해하고 싶어.

<좋은 프롬프트>
실수로 친구의 발을 밟았어. 내가 먼저 사과하고 싶고, 친구와 다시 친해지고 싶어.
심리 상담사 역할을 맡아, 초등학생이 이해하기 쉽게 화해할 수 있는 방법과 말할 문장을 제안해 줘.

<내가 하고 싶은 일>
발표할 때 나올 수 있는 질문을 미리 예상해서, 답변을 준비하고 싶어.

<좋은 프롬프트>
너는 저명한 프리젠테이션 전문가야.
내가 발표할 주제와 관련해 청중이 물어볼 수 있는 질문 5개를 예상하고, 각 질문에 대해 이해하기 쉬운 답변을 만들어 줘.

<내가 하고 싶은 일>
형아의 초콜릿을 나눠 먹고 싶어.

<좋은 프롬프트>
우리 형아는 초콜릿을 엄청 좋아해. 그래서 초콜릿을 얻어먹는 것은 상당히 힘든 일이지.
너는 초고수 협상 마스터야. 형아가 나에게 초콜릿을 순순히 나눠줄 수 있도록 협상 전략을 짜 줘.

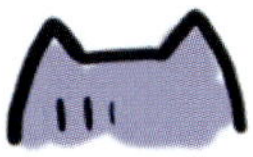

초콜릿 하나 얻어먹으려고 인공지능한테까지 물어보다니,
진짜 집념 끝판왕이다 ;;;

잠깐 퀴즈!

다음은 네가 하고 싶은 일이야. 인공지능에게 어떤 역할을 맡기고, 어떤 프롬프트를 써야 도움을 받을 수 있을까?

<네가 하고 싶은 일>
인기 유튜버가 되고 싶어.

좋은 프롬프트로 정리하기: ______________________________

정답 예시:
너는 인기 유튜브 컨설턴트야. 내가 적어도 실버 버튼을 받는 인기 유튜버가 되려면 어떤 전략과 콘텐츠 계획을 세워야 하는지 단계별로 알려 줘.

· 핵심 포인트 정리

<제3원칙> 인공지능에게 역할을 맡겨라.

→ 역할 지정

· 인공지능에게 특정 역할이나 전문성을 부여하라.
· 역할을 통해 원하는 말투나 관점을 조절할 수 있다.
· 역할과 함께 상황을 명확히 제시하라.

4. 조건을 걸어라

프롬프트를 쓸 때, 우리가 원하는 답을 정확히 얻으려면 조건을 분명히 알려주는 것이 정말 중요해.
조건이란 글자 수나 답의 형식, 설명을 들을 사람, 또는 특별한 제한 같은 요구 사항을 말해.

예를 들어, "한 줄로 간단히 설명해 줘"라고 하면 인공지능은 짧게 답하고,
"쉽게 이해할 수 있게 3단계로 나눠서 설명해 줘"라고 하면, 인공지능은 글을 단계별로 나눠서 알기 쉽게 알려 줄 거야.

조건을 알려주는 게 중요한 이유는 조건 없이 요청하면 우리의 예상과 다른 답이 나올 수도 있기 때문이야.
즉, 조건을 명확히 알려주면 인공지능이 우리 의도에 맞춰 답을 조정할 수 있고, 우리가 기대하는 답을 더 쉽게 얻을 수 있어.

그럼 이제 연습해 볼까?
내가 조건 없이 두루뭉술하게 쓴 프롬프트를 말하면, 너는 조건을 추가해서 인공지능이 정확히 무엇을 해야 하는지 명확하게 정리한 좋은 프롬프트로 바꿔 보는 거야.

<좋지 않은 프롬프트>
'걸리버 여행기' 독후감을 잘 써줘.

<좋은 프롬프트>
'걸리버 여행기'를 읽고 줄거리 요약, 가장 인상 깊었던 장면, 느낀 점을 포함한 독후감을 3단락 이상, 각 단락 3~5문장으로 작성해 줘.

<좋지 않은 프롬프트>
'어쩔티비'를 뭐라고 설명해야 해?

<좋은 프롬프트>
우리 할머니가 이해할 수 있도록 '어쩔티비'가 무엇인지 쉽게 설명해 줘.

<좋지 않은 프롬프트>
평범하지 않은 형식으로 일기를 써줘.

<좋은 프롬프트>
기돌이 형아랑 체스 게임한 내용을 바탕으로, 받침 없이 10줄 정도의 일기를 써 줘.

정말 평범하지 않구나 ;;;

잠깐 퀴즈!

아래 프롬프트에 조건을 추가해서, 인공지능이 원하는 답을 줄 수 있도록 바꿔 보자.

<좋지 않은 프롬프트>
무서운 이야기를 해 줘.

좋은 프롬프트로 바꾸기: ______________________

정답 예시:
읽고 나서 이해하면 무서운 이야기를 5문장으로 만들어 줘.

· 핵심 포인트 정리

<제4원칙> 조건을 걸어라.

→ 제약 조건

· 필요한 조건을 명확히 알려라.
· 글자 수, 형식, 대상 등 제한을 포함하라.
· 조건을 통해 인공지능이 혼자 추측하지 않게 하라.

5. 예시를 들어라

프롬프트를 쓸 때, 우리가 원하는 답의 형식, 글투, 길이, 구조를 미리 예시로 보여 주면 인공지능이 훨씬 더 잘 따라 줄 수 있어. 예를 들어 이렇게 물어볼 수 있지.

> "주인공은 용감한 토끼고, 사건은 3문장으로 전개되는 짧은 동화를 만들어 줘."

그리고 참고할 실제 예시는 이렇게 줄 수 있어.

> **<예시>**
> 토끼 토비는 숲속 친구들을 도와주기로 했어.
> 큰 돌에 갇힌 다람쥐를 힘껏 밀어 구해 줬지.
> 친구들은 토비에게 고마워하며 다 같이 즐겁게 놀았어.

이렇게 예시를 보여 주면 인공지능은 우리가 원하는 형식과 길이, 전개 방식을 이해하고 비슷하게 답을 만들어 줄 수 있어.

또한, 예시는 단순히 따라 하는 것뿐 아니라 새로운 아이디어를 만들 때 참고점이 돼서, 답이 더 풍부하고 재미있게 나올 수 있도록 도와줘.
여러 번 요청해도 같은 스타일과 형식을 유지하게 해 주고, 조건이 많은 요청이나 단계별 작업에서도 인공지능이 순서대로 잘 이해하게 해 주는 안내서 역할도 하지.

결국 예시는 우리가 상상한 답과 인공지능이 만들어 내는 답 사이를 이어 주는 다리 같은 존재야.
이 다리를 잘 활용하면, 훨씬 일관되고 만족스러운 답을 얻을 수 있어!

그럼 이제 연습해 볼까? 내가 하고 싶은 일을 말하면, 너희는 인공지능에게 어떻게 설명하면 좋을지 예시를 들어보는 거야.

<내가 하고 싶은 일>
생활에 도움이 되는 앱을 하나 만들고 싶어.

<좋은 프롬프트>
나는 생활에 도움이 되는 앱을 하나 기획하고 싶어. 아래 예시처럼 앱 이름과 간단한 기능 설명을 5개 제안해 줘.

<예시>

숙제 요정 : 숙제 사진을 찍으면 풀이 힌트를 살짝 알려주는 앱

알람 괴물 : 알람이 울리면 귀여운 괴물이 나타나서 문제를 풀어야만 꺼지는 앱

간식 탐지기 : 집안에서 과자나 간식이 어디 있는지 힌트를 주는 게임식 앱

우와, 세돌이 정말 대단한데?!
호시탐탐 형아의 초콜릿을 노리는 꼬맹이인 줄로만 알았더니!

핫핫핫!
난 초콜릿을 좋아하는, 아주 똘똘한 꼬맹이라고!

퀴즈 몬스터 사냥꾼 : 문제를 풀면 몬스터가 잡히는 방식으로 공부할 수 있는 앱
… 이런 건 어때?

윽… 공부 앱… ;;;

잠깐 퀴즈!

다음은 네가 하고 싶은 일이야. 인공지능에게 네가 하고 싶은 일을 예시를 들어서 어떻게 설명하면 좋을까?

<네가 하고 싶은 일>
새로운 놀이를 만들고 싶어.

좋은 프롬프트로 정리하기: ____________________________

정답 예시:
새로운 놀이 규칙을 알려주는 글을 써줘. 아래처럼 '준비물', '규칙', '벌칙'으로 나눠서 설명해 줘.

〈예시〉
준비물: 종이, 연필, 가위

규칙: 가위바위보에서 이긴 사람이 종이에 그림을 그린다.

벌칙: 진 사람은 노래를 한 곡 불러야 한다.

· 핵심 포인트 정리

<제5원칙> 예시를 들어라.
→ 예시 제공

· 질문에 맞는 구체적인 예시를 포함하라.
· 원하는 답의 형식이나 스타일을 직접 보여줘라.
· 예시는 짧고 간단하게, 핵심을 보여줘야 한다.

기타 꿀팁

· 피드백 루프 (Feedback Loop) : 조금씩 고쳐 다시 묻기

인공지능한테 한 번에 완벽한 답을 얻으려고 하지 말고, 먼저 답을 받고 조금씩 고쳐 달라고 하면 점점 내가 원하는 답에 가까워질 수 있어. 이걸 피드백 루프라고 해.

방법은 이렇게 해. 먼저 원하는 걸 부탁하고, 인공지능이 답을 주면 아쉬운 부분 하나를 골라서 "여기만 바꿔 줘"라고 말하는 거야. 그럼 다시 답을 받고, 필요하면 또 조금 바꾸면 돼. 이렇게 반복하면 처음보다 훨씬 마음에 드는 답을 받을 수 있어.

예를 들어, 처음에는 "읽고 나서 조금 무서워지는 이야기 5문장으로 써 줘"라고 요청한다고 해 보자. 그 다음에는 "좋아, 마지막 문장에 반전을 넣어 줘. 나머지는 그대로 두고" 라고 바꿔 달라고 말할 수 있어. 마지막으로 "주인공을 고양이로 바꿔 줘. 길이는 그대로 5문장"이라고 하면, 점점 내가 원하는 이야기로 완성되는 거야.

이때는 "앞 답변에서 A는 그대로 두고, B는 줄이고, C를 추가해 줘"처럼 짧게 말하면 인공지능이 쉽게 따라와.

> 꿀팁!
한 번에 너무 많은 걸 바꾸지 말고, 딱 하나만 바꾸는 게 좋아. 또 문장 수나 단락 수 같은 숫자를 알려 주면 인공지능이 더 정확하게 답해 줄 거야.

· 컨텍스트 활용: 배경과 자료를 함께 주기

인공지능에게 그냥 질문만 던지면, "이걸 왜 알려달라는 거지?" 하고 헷갈릴 수 있어. **그래서 배경 정보와 자료를 함께 주면 인공지능이 상황을 더 잘 이해하고, 우리가 원하는 답을 정확하게 줄 수 있어.**

배경 정보에는 "누구에게 보여줄 건지, 왜 필요한지" 같은 걸 알려 주면 좋아. 자료에는 내가 쓴 초안, 표, 코드, 오류 메시지 같은 걸 보여 주면 돼. 또 수준이나 형식도 알려 주면 좋지. 예를 들어 쉬운 설명이 필요한지, 보고서 형식인지, 대본 형식인지 말해 주는 거야.

예를 들어 발표를 준비한다고 해 보자.
"배경: 내일 과학 발표에서 3분만 말해야 해. 대상: 과학 지식이 많지 않은 친구들.
요청: 광합성을 3단락으로, 쉬운 비유 1개 넣어서 설명해 줘."

또 코딩을 도와 달라고 할 때는 이렇게 쓸 수 있어.
"배경: 파이썬 리스트에서 에러가 났어. 자료: IndexError: list index out of range
요청: 에러 원인과 고치는 방법을 단계별로 알려 줘."

바로 쓰는 문장 틀은 이렇게 간단히 정리할 수 있어.
"배경: ... / 대상: ... / 자료: ... / 요청: ..."

> 꿀팁!
자료를 너무 길게 주면 인공지능이 헷갈릴 수 있으니까, 핵심만 딱 붙여 주는 게 좋아.

· 다양한 관점: 여러 가지 시선으로 물어보기

인공지능에게 한 가지 방식으로만 물어보면, 답도 한 가지로만 나와. **그런데 여러 가지 시선이나 접근 방법을 알려 달라고 하면, 훨씬 더 창의적이고 폭넓은 답을 얻을 수 있어.**

예를 들어 친구한테 편지를 쓰고 싶다고 해 보자.
"친구에게 재미있게 편지를 쓰고 싶은데, 장난기 있는 버전, 따뜻한 버전, 짧고 귀여운 버전으로 각각 만들어 줘."
이렇게 물어보면, 인공지능이 같은 내용이라도 다른 스타일로 여러 답을 만들어 줄 수 있어.

또 발표를 준비할 때도 이렇게 쓸 수 있어.
"발표 내용을 과학자 입장에서, 선생님 입장에서, 친구 입장에서 각각 설명해 줘."
그럼 같은 내용이라도 보는 사람이나 이해하는 방법에 따라 다른 관점의 답을 얻을 수 있지.

바로 쓰는 문장 틀은 이렇게 해 보면 돼.
"...를 각각 A 관점, B 관점, C 관점으로 설명해 줘."
또는 "같은 내용인데 세 가지 다른 방식으로 작성해 줘."

> 꿀팁!
관점을 바꾸면 아이디어가 더 다양해지고, 예상치 못한 재미있는 답도 나올 수 있어.
단 한 번에 한두 가지 관점만 바꿔서 요청하는 게 가장 안정적이야.

바이브 코딩이 뭘까?

얘들아, 코딩은 시험처럼 정답을 맞히는 일이 아니야. **사실 코딩은 레고 놀이처럼, 블록을 하나씩 쌓아 가면서 내가 원하는 모양을 만들어 가는 것과 비슷해.**

너희도 레고 만들 때 처음부터 완벽하게 설계하지 않지? 블록을 올려 보고, 모양을 바꾸면서 점점 내가 원하는 모습으로 만들어 가잖아. **바이브 코딩(vibe coding)도 마찬가지야. 완벽한 답을 먼저 찾는 게 아니라, 하나씩 만들어 가는 거지.**

중간에 모양이 이상해져도 괜찮아! 오히려 새로운 아이디어가 될 수도 있거든. 레고도, 바이브 코딩도 말이지.

왜 이런 방식이 생겼을까? 학교 공부처럼 정답만 맞히는 코딩은 재미가 없어. 멋진 프로그램이나 게임을 만드는 사람들도 처음부터 정답을 알고 시작하지 않아. 머릿속 그림이나 느낌을 떠올리고, 블록을 쌓듯 조금씩 만들어 가는 거야. **바이브 코딩은 이렇게 재있게 실험하면서 배우는 방법이야.**

게다가 우리에겐 든든한 친구, 인공지능이 있어. "레고로 우주선을 만들고 싶은데, 어디서부터 시작할까?"라고 물어보면, 인공지능이 기본 모양을 알려 줄 거야. 그러면 블록을 쌓아 보고, "날개가 너무 짧네, 더 길게 해 줘" 하면서 바꿀 수도 있지.

이번 장에서는 아이디어를 말로 꺼내고 → 실행해 보고 → 조금씩 바꾸면서 → 내 스타일을 완성하는 방법을 배워 보자. **실수해도 괜찮고, 엉뚱한 시도도 환영이야! 어쩌면 그 엉뚱함에서 더 멋진 바이브가 탄생할지도 몰라!**

드디어 우리가 함께 코딩할 시간이 왔어!
인공지능아! 반가워~

바이브 코딩 실습: 작은 게임 만들기

얘들아, 이제 바이브 코딩을 직접 해볼 시간이야!

이번에는 내가 아니라, 너희가 주인공이야. 인공지능과 함께 작은 게임을 만들어 보자. 처음부터 완벽하게 만들 필요는 없어. 블록을 하나씩 쌓듯, 조금씩 바꾸면서 내가 원하는 모습으로 완성하면 돼.

전에 배운 프롬프트 5원칙과 꿀팁 3가지, 기억하지? 내가 원하는 바를 인공지능에게 잘 전달하면서 함께 코딩해 보자!

자, 그럼 지금부터 인공지능과 함께 나만의 작은 게임을 만들어 볼까?

이번엔 내가 해볼께!
안녕, 인공지능! 나는 장애물을 피하는 게임을 만들고 싶어. 캐릭터는 사각형 블록이고, 장애물이 위에서 내려오게 하고 싶어.

좋아! 그러면 먼저 캐릭터와 장애물 위치를 정하고, 장애물이 내려오면서 충돌을 체크하는 기본 코드를 만들어 볼게.

```
import pygame, sys

pygame.init()
screen = pygame.display.set_mode((400, 300))
clock = pygame.time.Clock()

player = pygame.Rect(180, 250, 40, 40)   # 파란 네모
obstacle = pygame.Rect(180, 0, 40, 40)  # 빨간 네모
speed = 5

while True:
    for e in pygame.event.get():
        if e.type == pygame.QUIT:
            pygame.quit(); sys.exit()
    keys = pygame.key.get_pressed()
```

```
    if keys[pygame.K_LEFT]: player.x -= 5
    if keys[pygame.K_RIGHT]: player.x += 5

    obstacle.y += speed
    if obstacle.y > 300: obstacle.y = 0

    if player.colliderect(obstacle):
        print("Game Over!")
        pygame.quit(); sys.exit()

    screen.fill((255,255,255))
    pygame.draw.rect(screen,(0,0,255),player)
    pygame.draw.rect(screen,(255,0,0),obstacle)
    pygame.display.flip()
    clock.tick(30)
```

우와! 이게 되네?!
그런데 실행해보니까 장애물이 한 곳에서만 내려와. 장애물이 여러 줄에서 랜덤으로 떨어지게 해줄 수 있어?

좋은 생각이야!
그럼 장애물을 여러 개 만들고, 각각이 랜덤한 위치에서 떨어지도록 코드를 고쳐줄게. 여기 수정한 코드야.

```
import pygame, random

pygame.init()
screen = pygame.display.set_mode((400, 600))
clock = pygame.time.Clock()

player = pygame.Rect(200, 500, 50, 50)
obstacles = []  # 장애물을 여러 개 담을 리스트

# 처음에 장애물 몇 개 생성
for i in range(5):
```

```
    x = random.randint(0, 350)  # 가로 위치 랜덤
    obstacles.append(pygame.Rect(x, -i*120, 50, 50))

running = True
while running:
    screen.fill((255, 255, 255))
    for event in pygame.event.get():
        if event.type == pygame.QUIT:
            running = False

    keys = pygame.key.get_pressed()
    if keys[pygame.K_LEFT]: player.x -= 5
    if keys[pygame.K_RIGHT]: player.x += 5

    # 장애물 움직이기
    for obs in obstacles:
        obs.y += 5
        if obs.y > 600:
            obs.y = -50
            obs.x = random.randint(0, 350)

        pygame.draw.rect(screen, (255, 0, 0), obs)

        # 충돌 검사
        if player.colliderect(obs):
            running = False
            print("충돌! 게임 오버")

    pygame.draw.rect(screen, (0, 0, 255), player)
    pygame.display.flip()
    clock.tick(30)
```

와아! 이제 장애물이 여러 줄에서 떨어져! 진짜 게임 같아졌어! 근데 장애물이 다 빨간색이야. 색깔도 랜덤으로 바꿀 수 있을까?

그럼! 각 장애물마다 색상을 랜덤으로 만들어 보자. random.choice로 몇 가지 색을 선택하면 돼.

```
colors = [(255,0,0), (0,255,0), (0,0,255), (255,255,0), (255,0,255)]

# 장애물 그릴 때
color = random.choice(colors)
pygame.draw.rect(screen, color, obs)
```

우와! 장애물 색이 알록달록해졌어! 훨씬 재밌어졌다!
근데 점수가 없잖아. 장애물이 바닥까지 내려가면 점수가 올라가게 하고 싶어.

좋아, 점수 변수를 만들고 장애물이 바닥을 지나갈 때마다 1점씩 추가하면 돼.

```
score = 0

# 장애물 움직이는 부분 안에서
if obs.y > 600:
    obs.y = -50
    obs.x = random.randint(0, 350)
    score += 1

# 화면에 점수 표시
font = pygame.font.SysFont(None, 30)
score_text = font.render(f“점수: {score}”, True, (0,0,0))
screen.blit(score_text, (10,10))
```

점수도 생겼네! 이제 정말 나만의 게임 같아!
아, 그리고 내 캐릭터도 파란 네모 말고 내가 그린 괴물로 바꾸고 싶은데?

좋아! 네 그림을 PNG로 저장해서 pygame.image.load로 불러오면 돼. 이렇게 하면 캐릭터가 네 그림으로 바뀌어.

```
player_image = pygame.image.load("my_monster.png")
# 캐릭터 그리기
screen.blit(player_image, (player.x, player.y))
```

우와! 게임이 진짜 내 스타일대로 바뀌고 있어!!
너무 재밌다!!!

재미있지? 이렇게 조금씩 바꾸면서 내 스타일대로 게임을 완성하는 게 바로 바이브 코딩의 매력이야.

하지만 기억해야 할 게 하나 있어. **아무리 바이브 코딩이라고 해도, 기본 코드를 잘 알고 있어야 내가 원하는 대로 수정하고, 새로운 아이디어를 바로 적용할 수 있어.**

그래서 우리가 이 단원 전에 파이썬 기본 코드와 클래스 같은 심화 내용을 먼저 배웠던 거야. 기본을 알고 있어야 인공지능과 함께 게임을 만들 때도 더 자유롭게, 더 멋지게 바꿀 수 있거든.

Q. 바이브 코딩 실험 일지

1. 내가 만든 게임은 어떤 게임일까?

2. 오늘 나는 게임에서 무엇을 바꿨을까?

3. 실험해 보고 다시 바꾼 내용은?

4. 실험하면서 어렵거나 헷갈린 점은 무엇이었어?

5. 실험하면서 가장 재미있었던 부분은?

6. 바이브 코딩으로 게임을 만들면서 느낀 점은?

세돌이의 일기

6 월 17일 월 요일 날씨 시원하게 비 쫙쫙

슈-웅!
으아아아아!!
맞으면 완전 끝장이야!!!
정말 필사적으로 피해야겠네 ;;

오늘 나는 바이브 코딩으로 하늘에서 떨어지는 장애물을 피하는 게임을 만들었다.

처음에 인공지능은 파란색 네모를 장애물로 만들어서 하늘에서 떨어지게 했다.

나는 "이건 너무 심심하잖아!" 하고 생각하다가, 하늘에서 똥이 떨어지게 바꿨다. ㅋㅋ

형아들은 내 게임을 보고 배꼽을 잡고 웃었다.

파란색 네모를 똥으로 바꾸는 건 쉽지 않았지만, 내 든든한 친구 인공지능과 함께 끈질기게 달라붙었다.

내 게임을 본 형아들도 엉뚱한 게임을 만들기 시작했다.

아빠는 황당해하셨지만, 우리는 정말 즐거웠다.

오늘 완전 재미있었다!

말로 만드는 똑똑한 인공지능

바이브 코딩 심화

인공지능아, 너도 가끔 몸이 두 개였으면 좋겠다 싶을 때 있어?
그럼, 그럼~ 사람들이 나한테 정말 별걸 다 물어보거든!
내가 도와줄까?
널 닮은 쌍둥이 인공지능을 **하나 더** 만드는 거야!
!!
그, 그게 가능할까?!
그보다 너 파이썬 배운 지 얼마 안 됐잖아!
바이브 코딩을 쓰면 되잖아! 날 도와줄 너도 있고!

..아, 그렇지? 나 인공지능이었지?
하하, 너 가끔 좀 허술하다니까~

인공지능이 뭔데?

얘들아, 혹시 사람은 아니지만 사람처럼 생각하고 배우는 친구가 있다고 상상해 본 적 있어? 바로 그게 인공지능이야.

인공지능은 우리가 말하거나 보여주는 걸 보고, 스스로 판단해서 행동할 수 있는 똑똑한 친구야.
예를 들어, 숫자를 보여주면 몇인지 맞춰 주기도 하고, 네가 그린 그림을 보고 "이건 햄버거구나!" 하고 알아맞히기도 하지.
심지어 우리가 시키는 일을 도와주거나, 스스로 생각해서 선택할 수도 있어.

지금부터는 인공지능이 무엇인지, 어떤 일을 할 수 있는지 직접 경험하면서, 인공지능 친구와 함께 놀아보는 시간을 가져볼 거야.
너도 금방 "이 친구가 내 생각을 이해하고 똑똑하게 반응하는구나!" 하고 느낄 수 있을 거야.

인공지능의 개념

인공지능은 사람처럼 머리를 쓰는 친구야.
근데 사람처럼 학교에 가서 공부하는 건 아니고, 많이 보고 듣고 경험하면서 스스로 배우는 친구라고 생각하면 돼.

예를 들어, 고양이랑 개 사진을 잔뜩 보여주면, 인공지능은 조금씩 배우면서 "아, 고양이는 이렇게 생겼구나! 개는 이렇게 생겼구나!" 하고 구별할 수 있게 돼.
이 과정을 학습이라고 해. 우리가 계속 연습하면 점점 더 잘하는 것처럼, 인공지능도 반복해서 배우면 더 똑똑해지는 거야.

사람과 다른 점은, 인공지능은 엄청난 양의 자료를 순식간에 보고 학습할 수 있다는 것이야. 우리가 하루에 몇 장 사진만 볼 수 있다면, 인공지능은 수만, 수십만 장도 금방 학습할 수 있지. 그래서 사람보다 훨씬 빨리 똑똑해지는 거야.

재미있는 건, 인공지능이 배운 걸 다른 곳에 적용할 수도 있다는 거야.

예를 들어, 우리가 게임 속 캐릭터를 어떻게 움직일지 알려주면, 인공지능은 그 규칙을 배우고 스스로 적절한 움직임을 만들어 낼 수 있어.
또는 네가 그린 그림을 보여주면, 그림을 분석해서 게임 속 캐릭터나 아이템으로 바꾸는 방법을 제안하기도 하지.
어쩌면 우리가 상상하지 못한 새로운 아이디어나 움직임을 만들어낼 수도 있어.
그게 바로 인공지능이 가진 작은 창의력 같은 거야.

하지만 아직 인공지능은 사람처럼 모든 걸 이해하거나 판단할 수 있는 '강인공지능'은 아니야. 지금은 특정한 일을 잘하는 '약인공지능'이 대부분이지.

너… 약한 녀석이었어?

어? 내가 약인공지능이긴 한데;;
(뭔가 단단히 오해한 것 같은데;;)

인공지능이 똑똑한 이유

인공지능이 스스로 똑똑해지려면 학습을 해야 해. 그런데 학습에도 여러 가지 방법이 있어서, 배우는 방식이 조금씩 달라.
이제 인공지능이 어떤 방법으로 배우는지, 대표적인 여섯 가지 학습 방법을 하나씩 소개할게.

· 규칙 기반 학습 (Rule-based AI)

옛날 인공지능은 지금처럼 스스로 배우지 않았어.
대신 사람이 일일이 "규칙"을 정해 주는 방식으로만 움직였지.

예를 들어, 에어컨 리모컨에 있는 자동 모드를 떠올려 보자.

"만약 온도가 30도 이상이면 선풍기를 켜라."
"만약 온도가 20도 이하이면 히터를 켜라."

이렇게 조건(if)과 행동(then)을 미리 정해 놓는 게 바로 규칙 기반 인공지능이야.
즉, 사람이 만든 '매뉴얼'을 따라 움직이는 거지.

하지만 문제는 세상이 그렇게 단순하지 않다는 거야.
예를 들어, 온도가 25도인데 습도가 높으면 어떻게 할까?
혹은 창문이 열려 있으면? 사람이 여러 명 있을 때는?
이런 모든 상황을 사람이 다 규칙으로 정하려면, 규칙이 수십 개, 수백 개, 심지어 수천 개까지 늘어나 버려.

결국 규칙 기반 인공지능은 새로운 상황이나 예상 못 한 조건이 나타나면 제대로 대처할 수 없어.
즉, 융통성이 부족하다는 게 가장 큰 단점이야.

그래서 사람들이 생각했어.
"이제는 사람이 규칙을 다 정해 주는 게 아니라, 인공지능이 스스로 배울 수 있어야겠다!"

이때 등장한 것이 머신러닝과 딥러닝 같은 학습 기반 인공지능이야.
규칙을 다 짜 주지 않아도, 인공지능이 데이터를 직접 보고 패턴을 찾아내고, 새로운 상황에도 스스로 판단할 수 있는 거지.

너 예전에는 계산기 수준이었구나!
지금은 이렇게 똑똑해졌네?

그럼~ 많이 노력했다고!

· 머신러닝 (Machine Learning)

옛날 인공지능은 사람이 "조건 → 행동"을 다 정해 줘야만 했어.
하지만 머신러닝은 달라. 데이터를 많이 보여주면, 인공지능은 그 안에서 차이를 찾아내고 판단할 수 있는 능력을 스스로 키우는 거야.

예를 들어, 네가 고양이랑 강아지 사진을 1000장 보여줬다고 해 보자.
사람이 직접

> "귀가 뾰족하면 고양이"
> "귀가 처지면 강아지"

이렇게 규칙을 알려주지 않아도 돼.

인공지능은 사진을 계속 보면서

> "고양이는 보통 귀가 뾰족하고, 눈이 크네."
> "강아지는 귀가 길고, 입이 앞으로 더 나와 있네."

이런 식으로 스스로 특징을 배우고, 이를 기준으로 구별할 수 있게 돼.

데이터가 많으면 많을수록 더 정확하게 판단할 수 있고, 점점 똑똑해지지.
예를 들어, 고양이와 강아지 사진을 많이 학습한 인공지능에게 한 번도 본 적 없는 새끼 고양이 사진을 보여주면, 이전에 배운 특징을 바탕으로 "아, 이건 강아지가 아니라 고양이일 가능성이 높구나!" 하고 판단할 수 있어.

이게 바로 머신러닝의 힘이야.
즉, 머신러닝은 스스로 배우고, 새로운 상황에서도 적용할 수 있는 똑똑한 학습 방법이지.

이게 바로 자기주도 학습이라는 거구나!
인공지능, 정말 대단하네!

· 강화학습 (Reinforcement Learning)

강화학습은 머신러닝 중에서도 조금 특별한 방법이야.
인공지능이 직접 시도하고, 실패도 해보면서, 그 결과를 통해 스스로 배우는 과정이 핵심이지.

예를 들어, 우리가 미로 탈출 게임을 만든다고 해 보자.

처음에는 인공지능이 어디로 가야 할지 전혀 모르기 때문에 막다른 길로 들어가거나 실패할 수 있어.
하지만 게임 속에서 "여기서는 점수를 얻고, 여기서는 점수를 잃는다"라는 경험을 반복하면서, 인공지능은 점점 어떤 선택이 좋은지 알아내게 돼.
처음에는 실패가 많지만, 조금씩 최적의 길을 찾아내는 거야.

즉, 강화학습은 시도 → 결과 확인(보상) → 학습을 계속 반복하면서, 스스로 판단하고 점점 더 똑똑해지는 방법이야.
이 방법 덕분에 게임 속 캐릭터가 장애물을 피하거나, 로봇이 목표까지 이동하는 방법을 스스로 터득하는 것도 가능해지는 거지.

실제 사례로, 알파고(AlphaGo)라는 인공지능 바둑 프로그램이 있어.
알파고는 처음에 인간 프로 바둑 기사들의 기보를 보고 기본 전략을 배우고, 그 다음 자신과 스스로 대국을 반복하면서 강화학습으로 점점 더 강해졌어.
즉, 처음에는 인간처럼 실수도 했지만, 반복 학습을 통해 최적의 전략을 스스로 찾아내고, 결국 인간 프로를 이길 정도로 똑똑해진 거야.

강화학습의 핵심 포인트는, 정답을 처음부터 알려주지 않아도 경험을 통해 스스로 올바른 행동을 배우는 것이라는 점이야. 실수할 때마다 배우고, 점점 더 나은 선택을 할 수 있게 되는 거지.

이건 마치 시험을 잘 보면 엄마가 맛있는 간식을 사 주는 것과 비슷한 원리네!

· 딥러닝 (Deep Learning)

딥러닝은 머신러닝의 한 종류인데, 훨씬 더 복잡하고 강력한 방법이야.
마치 머신러닝의 강력한 확장판이라고 생각하면 돼.
여기서는 우리 뇌 속 신경망(뉴런)을 본떠 만든 인공 신경망을 사용해.

신경망은 작은 '생각하는 점'들이 서로 연결되어 있는 것처럼 생겼어.
하나의 뉴런이 들어온 정보를 받아 중요한 특징만 다음 뉴런에게 전달하고, 다음 뉴런이 이어서 판단하는 식이지.
이런 뉴런들이 여러 층(layer)으로 쌓여 있어서, 단순한 패턴뿐만 아니라 아주 복잡한 규칙까지 찾아낼 수 있어.

예를 들어,

> 첫 번째 층에서는 사진 속 '선', '색깔', '모양 조각' 같은 단순한 특징을 보고,
> 두 번째 층에서는 눈, 코, 입 같은 조금 더 복잡한 형태를 인식하고,
> 마지막 층에서는 "아, 이건 사람 얼굴이구나!" 하고 최종 판단을 내리는 거야.

이 과정을 수백, 수천 번 반복하면서 점점 더 정교하게 배우지.
그래서 딥러닝은 많은 데이터를 볼수록 똑똑해지고, 사람이 일일이 규칙을 알려주지 않아도 돼.

딥러닝은 이미 우리 주변에서 활약하고 있어.

> 얼굴 인식 기능으로 사진 속 사람을 구분하고,
> 자율주행 자동차가 도로 상황을 보고 스스로 멈추거나 달리게 하고,
> 우리가 말한 음성을 문자로 바꾸거나, 다른 언어로 번역해 주기도 해.

즉, 딥러닝은 많은 데이터를 보고, 층층이 쌓인 신경망을 통해 복잡한 패턴까지 스스로 이해하는 방법이야.
그래서 인공지능이 "사람처럼 보고, 듣고, 이해한다"는 느낌을 줄 수 있는 가장 중요한 기술이 바로 딥러닝이란다.

내 경험상… 엄마 눈꼬리가 올라가면 혼날 확률이 확 높아지지!
이게 바로 세돌이표 딥러닝 학습의 결과야!

· 기타 학습 방법

머신러닝과 딥러닝이 인공지능이 배우는 대표적인 방법이라면, 그 밖에도 보조적이거나 특별한 학습 방법이 있어. 이번에는 하이브리드 학습과 진화 학습을 알려줄게!

1. 하이브리드 학습(Hybrid AI)

하이브리드 학습은 여러 가지 학습 방법을 섞어서 더 똑똑하게 배우는 방법이야.
예를 들어, 스마트폰 카메라가 얼굴을 인식한다고 해 보자.

규칙 기반으로는 "눈, 코, 입이 있으면 얼굴이다"라는 조건을 미리 알려줄 수 있어.
머신러닝으로는 수많은 사진을 보면서 다양한 얼굴 형태를 배우게 하지.

하이브리드 학습을 하면, 이런 두 가지를 합쳐서 어떤 특이한 얼굴도 잘 알아보는 인공지능을 만들 수 있어.

2. 진화 학습(Evolutionary Algorithms)

진화 학습은 자연에서 생물들이 살아남는 방식을 따라 배우는 방법이야.

여러 후보 인공지능이 같은 문제를 풀어 보고, 가장 잘하는 것만 살아남게 하고 조금씩 바꾸면서 다시 시도하는 거지.
이 과정을 반복하면 점점 더 똑똑한 인공지능이 만들어져.

예를 들어, 작은 로봇이 장애물을 피하는 방법을 배우고 싶다고 해 보자.
처음에는 여러 가지 방법으로 장애물을 피하도록 시도해 봐.
그중에서 가장 잘 피한 로봇의 방법을 다음 단계에 적용하고, 약간씩 바꿔서 다시 시도해.

이런 과정을 계속 반복하면, 로봇은 점점 더 효율적으로 장애물을 피할 수 있게 돼.

즉, 진화 학습은 실험 → 선택 → 변형 → 반복을 통해 점점 더 강해지는 방식이라고 생각하면 돼.

인공지능의 능력

이번에는 인공지능이 어떤 일을 할 수 있고, 실제로 어디에서 쓰이는지 알아볼 거야.

· 인공지능이 잘 하는 일

우리 주변에는 인공지능이 생각보다 많은 일을 하고 있어.
그럼 어떤 걸 잘할까? 다섯 가지로 나눠서 살펴보자.

1. 보는 일 : 사진·영상 알아보기

인공지능은 마치 눈처럼 사진이나 영상을 볼 수 있어. 하지만 진짜 사람 눈으로 보는 건 아니야. **사진을 숫자(픽셀)로 바꿔서 보는 거지. 그러니까 컴퓨터는 그림을 아주 작은 점들의 모임으로 보고, 그 점들에서 특징을 찾아내는 거야.**

이 기술은 이미 우리 주변에서 많이 쓰이고 있어. 스마트폰의 얼굴 인식, 자동차가 앞을 보고 멈추는 자율주행, 병원에서 엑스레이 사진을 분석하는 일까지 모두 사진·영상 인식 덕분이지.

물론 인공지능도 가끔은 잘못 볼 수 있어. 그래서 병원처럼 중요한 곳에서는 마지막에 사람이 꼭 확인해 줘야 해.

2. 듣는 일 : 말소리 알아듣기

인공지능은 귀처럼 소리를 들을 수 있어. **사람이 말하는 소리를 그냥 흘려듣는 게 아니라, 소리를 작은 파형(데이터)으로 바꿔서 분석하는 거야.** 이걸 바탕으로 어떤 단어를 말했는지, 무슨 뜻인지 하나하나 알아내는 거지.

예를 들어, 우리가 "불 켜 줘!"라고 말하면 인공지능은 이 소리를 숫자로 바꾸고, "아, 이건 전등을 켜 달라는 말이구나" 하고 이해해서 불을 켜 줄 수 있어. 음성 비서(시리, 빅스비), AI 스피커, 자동차 음성 명령 같은 게 다 이 기술을 사용해.

지금은 스마트폰에서 음성 검색을 하거나, 외국어를 바로 통역해 주는 앱, 병원에서 의사가 말하는 기록을 자동으로 글자로 바꿔 주는 시스템까지 쓰이고 있어.

3. 말하는 일 : 대화하기

인공지능은 듣기만 하는 게 아니라, 우리처럼 말하기도 할 수 있어. 근데 진짜 목소리를 내는 게 아니라, 먼저 글자를 만들어 놓고 그 글자를 다시 소리(음성 데이터)로 바꾸는 거야. 이걸 음성 합성 기술이라고 해. 즉, 컴퓨터가 글자를 읽어서 마치 사람이 말하는 것처럼 들리게 만드는 거지.

예를 들어, 챗봇이 네 질문에 대답해 주거나, 네비게이션이 "다음 신호에서 우회전하세요"라고 말하는 것도 이 원리를 이용한 거야. 그냥 기계음이 아니라 점점 사람 목소리처럼 자연스럽게 들리도록 발전하고 있지.

이 기술은 이미 우리 주변에서 많이 쓰이고 있어. AI 스피커가 대답해 주는 것, 유튜브 영상에 자동으로 자막과 목소리를 입히는 것, 시각장애인을 위해 책 내용을 읽어 주는 서비스까지 다 인공지능 말하기 덕분이야.

4. 생각하고 고르기 : 추천하기

인공지능은 단순히 보기·듣기만 하는 게 아니라, 머릿속에서 많은 정보를 비교하고 계산해서 "이게 더 좋겠다!" 하고 선택할 수도 있어. 이걸 보통 추천 시스템이라고 불러.

원리는 이래. 인공지능은 네가 지금까지 본 영상, 누른 '좋아요', 검색한 기록 같은 걸 하나하나 살펴봐. 그리고 다른 사람들이 좋아한 기록과 비교해서, "아, 이 친구는 이런 걸 좋아하겠구나!" 하고 예측하는 거야. 그래서 마치 네 취향을 알고 있는 친구처럼 알맞은 걸 추천해 줄 수 있는 거지.

이 기술은 유튜브 영상 추천뿐만 아니라, 넷플릭스 영화 추천, 쇼핑몰에서 "너에게 딱 맞는 상품" 보여주기, 음악 앱에서 새로운 노래 알려주기에도 쓰이고 있어. 심지어 온라인 수업에서도 "이 학생은 어떤 문제가 어려워할까?"를 예측해서 맞춤형 문제를 추천해 주기도 해.

5. 배우는 일 : 스스로 똑똑해지기

인공지능은 그냥 한 번 배운 걸로 끝나는 게 아니야. 사람처럼 경험하면서 점점 더 똑똑해질 수 있어. 예를 들어, 우리가 처음 자전거를 배울 때는 자꾸 넘어지고 틀리지만, 여러 번 타다 보면 점점 익숙해지고 결국은 혼자서도 잘 타게 되잖아? 인공지능도 똑같아. **처음에는 자주 실수하지만, 데이터를 많이 보고 듣고 연습하면서 점점 더 정확하게 문제를 풀 수 있게 되는 거야.**

이 과정을 보통 학습(learning)이라고 불러. 인공지능이 문제를 틀렸을 때는 '아, 이렇게 하면 안 되는구나' 하고 스스로 방법을 조금씩 고쳐. 반대로 맞았을 때는 '좋아, 이 방법이 맞네!' 하고 기억하는 거야. 이런 과정을 계속 반복하면서 똑똑해지는 거지.

그래서 네가 게임을 할 때 인공지능이 점점 강해지거나, 스마트폰의 음성 비서가 시간이 지날수록 네 말을 더 잘 알아듣는 것도 다 이 '학습' 덕분이야.

· 세상을 바꾸는 인공지능

요즘 인공지능은 여기저기서 바쁘게 활동하고 있어.
이번에는 인공지능이 어디에서 활약하고, 우리 생활을 어떻게 바꾸는지 함께 살펴보자!

1. 스마트 시티

싱가포르에서는 도로에 자동차가 몰리면 신호등이 자동으로 바뀌도록 인공지능이 관리하고 있어. 덕분에 출퇴근 시간에도 길이 막히는 일이 줄고, 교통 흐름이 한결 원활해지는 거야.

세종시에서는 인공지능이 쓰레기통을 감시해. 쓰레기통이 가득 차면 자동으로 청소부에게 알려서, 쓰레기가 넘치거나 냄새가 나는 일을 예방할 수 있지.
또 전기 사용량, 가로등 밝기, 물 사용량 같은 도시 데이터를 분석해서 에너지를 효율적으로 관리하기도 해.

즉, 스마트시티에서 인공지능은 단순히 장치를 움직이는 것에 그치지 않고, 도시 전체를 살피며 상황에 맞게 판단하고 사람들을 돕는 역할을 해. 교통, 환경, 에너지처럼 복잡한 문제를 동시에 관리하면서 도시를 더 안전하고 편리하게 만들어 주는 거야.

2. 똑똑한 연구 친구

신약 개발 분야에서 인공지능은 수많은 약 후보를 빠르게 분석해서 쓸 만한 약을 찾아내는 일을 해. 사람이라면 몇 달, 몇 년 걸릴 데이터를 인공지능은 훨씬 빠르게 계산하고 비교할 수 있어. 덕분에 새로운 약을 개발하는 과정이 훨씬 효율적이고 안전해지지.

음악에서는 AIVA 같은 인공지능이 사람과 함께 곡을 작곡해. 사람 작곡가가 아이디어를 내면, 인공지능이 화음이나 멜로디를 제안해서 더 풍부한 곡을 만들 수 있어. 혼자서 작곡할 때보다 훨씬 다양한 시도를 해볼 수 있지.

그림과 디자인 분야에서는 DALL·E 같은 인공지능이 새로운 그림 아이디어나 캐릭터 디자인을 제안해 줘. 예를 들어, "우주를 여행하는 고양이"라는 아이디어를 주면, 인공지능이 즉시 여러 가지 이미지 시안을 만들어 보여주기도 해.

3. 우주 탐험 도우미

화성 탐사 로버 '퍼서비어런스'는 인공지능을 이용해 스스로 주변을 살피고 길을 찾아 움직여. 예를 들어, 장애물이 나타나면 바로 피하거나, 위험해 보이는 지역은 돌아가는 식으로 판단할 수 있어. 사람과 바로 연결되어 있지 않아도, 로버가 독립적으로 결정을 내릴 수 있는 거지.

또한 중요한 과학 사진이나 샘플을 스스로 선택해 촬영하고, 분석해. 사람이 일일이 지시하지 않아도 로버가 판단해서 탐사 목표를 달성할 수 있어.

이 덕분에 지구에서 멀리 떨어진 화성에서도 안전하게 탐사를 이어갈 수 있고, 시간 지연 때문에 발생할 수 있는 문제도 최소화할 수 있어. 인간과 인공지능이 팀처럼 협력하는 탐사의 좋은 예지.

4. 믿음직한 의사 선생님

IBM 왓슨 같은 인공지능은 수많은 의료 데이터를 바탕으로 환자의 병을 진단하고, 가장 적합한 치료법까지 추천할 수 있어. 예를 들어, 암 환자의 병리 보고서, 유전자 정보, 이전 치료 기록 같은 방대한 자료를 빠르게 분석해서, 의사가 놓칠 수 있는 패턴까지 찾아주는 거지.

또한 인공지능은 엑스레이나 CT 같은 의료 이미지를 분석하는 데도 뛰어나. 사람 의사가 한 장씩 보는 것보다 훨씬 빠르게, 그리고 정확하게 병변을 찾아낼 수 있어. 폐렴, 암, 골절 등 다양한 질병을 조기에 발견할 수 있어서, 치료 시기를 놓치지 않게 도와주지.

인공지능으로 할 수 있는 일이 진짜 많구나!

맞아! 나 정말 많이 발전했다고!

그럼 이제 인공지능 만들러 함께 가볼까?!

바이브 코딩으로 인공지능을 만들어보자!

얘들아, 드디어 바이브 코딩으로 나만의 인공지능을 만들어볼 시간이야!

이번에는 세돌이가 먼저 인공지능을 만들어 보겠대. 이걸 잘 참고해서, 너희들도 각자 자신만의 인공지능을 만들어보렴.

세돌아, 너는 어떤 인공지능을 만들고 싶니?

그림을 학습해서 도형을 맞히는 인공지능

나는 마우스로 그림을 그리면 어떤 도형인지 맞히는 인공지능을 만들어보고 싶어.
인공지능이 틀리면 내가 정답을 알려주고, 맞히면 칭찬도 해주면서 계속 더 똑똑해지도록 하는 거야.

정말 재미있는 생각이야!

네가 마우스로 그림을 그리면, 어떤 도형인지 맞히는 새로운 인공지능을 함께 만들어보자. 틀리면 네가 정답을 알려주고, 맞히면 칭찬 메시지도 나오면서 인공지능이 학습하도록 짜 줄게.

```
import tkinter as tk
import numpy as np
root = tk.Tk()
root.title(“낙서판 AI - 초안”)

canvas_size = 100
canvas = tk.Canvas(root, width=canvas_size, height=canvas_size, bg=“white”)
canvas.pack()
```

```
drawing = np.zeros((canvas_size, canvas_size))

def paint(event):
    x, y = event.x, event.y
    if 0 <= x < canvas_size and 0 <= y < canvas_size:
        drawing[y, x] = 1
        canvas.create_oval(x-2, y-2, x+2, y+2, fill="black")

canvas.bind("<B1-Motion>", paint)

root.mainloop()
```

오우, 노우!
에러가 났어!

코드를 실행했더니 이렇게 나오는데?
ModuleNotFoundError: No module named 'numpy'

아! 그러니까 numpy가 아직 설치 안 돼 있었구나!
그럼 먼저 설치해보자. 터미널을 열고 이렇게 입력하면 돼~

```
pip install numpy
```

터미널에서 라이브러리 설치도 다 했고..
다시 코드 입력 화면으로 돌아와서 세모 버튼(▶)을 누르면?

와아, 됐다!
응? 근데 그림 그리는 캔버스가 너무 작은데?
그리고 그림은 그렸는데 인공지능이 대답을 하지 않아 ;;;

그럼 그림을 그리는 캔버스 크기를 키우고, 인공지능이 바로 반응하도록 수정할게.
먼저 PIL을 설치하자. 터미널을 열어봐.

```
pip install pillow
```

PIL이 다 설치 되었으면 코드를 입력하는 화면에 아래 코드를 적어봐.

```
import tkinter as tk
from PIL import Image, ImageDraw, ImageOps
import numpy as np
import random

# 학습 데이터
X_train, y_train, shapes = [], [], []
praise_messages = [“정답! 멋져요!”, “AI가 맞혔어요!”, “대단해요!”]

class SketchAIApp:
    def __init__(self, master):
        self.master = master
        master.title(“낙서판 AI - 개선판”)

        # 캔버스 크기 확대
        self.canvas_size = 300
        self.brush_size = 12

        self.canvas = tk.Canvas(master, width=self.canvas_size, height=self.canvas_size, bg=“white”)
        self.canvas.grid(row=0, column=0, columnspan=4, padx=10, pady=10)
        self.canvas.bind(“<B1-Motion>”, self.paint)

        # PIL 이미지 (벡터화용)
        self.image = Image.new(“L”, (self.canvas_size, self.canvas_size), color=255)
        self.draw = ImageDraw.Draw(self.image)
```

```
        # 정답 입력
        tk.Label(master, text="정답 입력:").grid(row=1, column=0)
        self.entry = tk.Entry(master)
        self.entry.grid(row=1, column=1)

        # 버튼
        tk.Button(master, text="가르치기", command=self.teach).grid(row=1, column=2)
        tk.Button(master, text="예측하기", command=self.predict).grid(row=1, column=3)
        tk.Button(master, text="지우기", command=self.clear).grid(row=2, column=0, columnspan=4)

        # 상태 표시
        self.label = tk.Label(master, text="그림을 그리고 정답을 입력해주세요.")
        self.label.grid(row=3, column=0, columnspan=4, pady=10)

    # 그림 그리기
    def paint(self, event):
        x1, y1 = event.x - self.brush_size, event.y - self.brush_size
        x2, y2 = event.x + self.brush_size, event.y + self.brush_size
        self.canvas.create_oval(x1, y1, x2, y2, fill="black", outline="black")
        self.draw.ellipse([x1, y1, x2, y2], fill=0)

    # 그림 지우기
    def clear(self):
        self.canvas.delete("all")
        self.image = Image.new("L", (self.canvas_size, self.canvas_size), color=255)
        self.draw = ImageDraw.Draw(self.image)
        self.label.config(text="그림판이 깨끗해졌어요!")

    # 벡터 변환
    def preprocess(self):
        img = self.image.resize((28,28))
        img = ImageOps.invert(img)
        arr = np.array(img).astype("float32") / 255.0
        return arr.flatten()
```

```
    # 가르치기
    def teach(self):
        name = self.entry.get().strip()
        if name == "":
            self.label.config(text="정답을 입력해주세요.")
            return
        if name not in shapes:
            shapes.append(name)
        X_train.append(self.preprocess())
        y_train.append(shapes.index(name))
        self.label.config(text=f"'{name}' 라고 가르쳤어요! ")

    # 예측
    def predict(self):
        if not X_train:
            self.label.config(text="아직 배운 게 없어요. 먼저 가르쳐주세요!")
            return
        vec = self.preprocess()
        distances = [np.linalg.norm(vec - x) for x in X_train]
        idx = int(np.argmin(distances))
        predicted = y_train[idx]
        guess = shapes[predicted]
        self.label.config(text=f"AI 예측: {guess}\n{random.choice(praise_messages)}")

if __name__ == "__main__":
    root = tk.Tk()
    app = SketchAIApp(root)
    root.mainloop()
```

음.. 잘 작동되긴 하는데..

버튼 이름은 '예측하기'보다 'AI가 맞춰보기'가 더 좋겠어.

그리고 AI가 틀린 그림을 자동으로 학습하고, 새로운 도형 이름도 등록할 수 있다면, 스스로 성장하는 모습이 훨씬 멋질 거야.

좋아, 세돌아! 네가 말한대로 두 가지를 개선해볼께.

1. 버튼 이름을 “예측하기” → “AI가 맞춰보기”로 변경

2. 자기 학습 기능 추가:
   - AI가 틀리면 자동으로 학습
   - 새로운 도형이면 이름 등록 가능

아래는 최종 개선판 코드야.

```
import tkinter as tk
from PIL import Image, ImageDraw, ImageOps
import numpy as np
import random

# 학습 데이터
X_train, y_train, shapes = [], [], []
praise_messages = [“정답! 멋져요!”, “AI가 맞혔어요!”, “대단해요!”]

class SketchAIApp:
    def __init__(self, master):
        self.master = master
        master.title(“낙서판 AI - 자기 학습판”)

        self.canvas_size = 300
        self.brush_size = 12

        self.canvas = tk.Canvas(master, width=self.canvas_size, height=self.canvas_size, bg=“white”)

        self.canvas.grid(row=0, column=0, columnspan=4, padx=10, pady=10)
        self.canvas.bind(“<B1-Motion>”, self.paint)

        self.image = Image.new(“L”, (self.canvas_size, self.canvas_size), color=255)
        self.draw = ImageDraw.Draw(self.image)
```

```
    tk.Label(master, text="정답 입력:").grid(row=1, column=0)
    self.entry = tk.Entry(master)
    self.entry.grid(row=1, column=1)

    tk.Button(master, text="가르치기", command=self.teach).grid(row=1, column=2)
    tk.Button(master, text="AI가 맞춰보기", command=self.predict).grid(row=1, column=3)
    tk.Button(master, text="지우기", command=self.clear).grid(row=2, column=0, columnspan=4)

    self.label = tk.Label(master, text="그림을 그리고 정답을 입력해주세요.")
    self.label.grid(row=3, column=0, columnspan=4, pady=10)

def paint(self, event):
    x1, y1 = event.x - self.brush_size, event.y - self.brush_size
    x2, y2 = event.x + self.brush_size, event.y + self.brush_size
    self.canvas.create_oval(x1, y1, x2, y2, fill="black", outline="black")
    self.draw.ellipse([x1, y1, x2, y2], fill=0)


def clear(self):
    self.canvas.delete("all")

    self.image = Image.new("L", (self.canvas_size, self.canvas_size), color=255)
    self.draw = ImageDraw.Draw(self.image)
    self.label.config(text="그림판이 깨끗해졌어요!")

def preprocess(self):
    img = self.image.resize((28,28))
    img = ImageOps.invert(img)
    arr = np.array(img).astype("float32") / 255.0
    return arr.flatten()

def teach(self):
    name = self.entry.get().strip()
```

```
    if name == "":
        self.label.config(text="정답을 입력해주세요.")
        return
    if name not in shapes:
        shapes.append(name)
    X_train.append(self.preprocess())
    y_train.append(shapes.index(name))
    self.label.config(text=f"'{name}' 라고 가르쳤어요!")

def predict(self):
    if not X_train:
        self.label.config(text="아직 배운 게 없어요. 먼저 가르쳐주세요!")
        return

    vec = self.preprocess()
    distances = [np.linalg.norm(vec - x) for x in X_train]
    idx = int(np.argmin(distances))
    predicted = y_train[idx]
    guess = shapes[predicted]

    # 결과 출력
    self.label.config(text=f"AI 예측: {guess}")

    # 자기 학습: 틀리면 자동 학습
    correct_name = self.entry.get().strip()
    if correct_name == "":
        self.label.config(text=f"AI 예측: {guess}\n정답을 입력하면 더 똑똑해질 수 있어요!")
        return

    if correct_name != guess:
        # 새로운 도형 등록
        if correct_name not in shapes:
            shapes.append(correct_name)
```

```
            # 학습 데이터 추가
            X_train.append(vec)
            y_train.append(shapes.index(correct_name))
self.label.config(
    text=(f"AI 예측: {guess} X\n"
          f"정답은 '{correct_name}'!\n"
          f"AI가 학습했어요! 다음엔 더 잘 맞힐 거예요")
)
        else:
            self.label.config(text=f"AI 예측: {guess} \n{random.choice(praise_messages)}")
```

핫핫핫!
도형을 척척 맞히는 똑똑한 나만의 인공지능이 완성됐다!

와, 세돌아! 진짜 멋지다~
바이브 코딩을 이렇게 잘 쓰다니 깜짝 놀랐어.

근데 말이야, 기돌이나 준돌이가 세돌이가 만든 '낙서판 AI'를 똑같이 만들고 싶다고 해도, 최종 코드를 그대로 따라 적을 필요는 없어.
왜냐하면 너희는 서로 다른 사람이니까, 생각과 아이디어도 다르고 과정도 달라. 그게 바로 너희만의 특별한 장점이야.

중요한 건 최종 코드가 아니라, 인공지능과 대화하며 직접 만들어 가는 너희만의 과정이야.
실패해도 괜찮아. 그 속에서 배우는 게 진짜 바이브 코딩의 재미거든.

최종 코드를 베끼지 말고, 너희 아이디어로 너희만의 코드를 만들어 보렴!
그게 훨씬 재미있고, 진짜 너희만의 작품이 될 거야.

이야기를 이어쓰는 인공지능

나는 Hugging Face 공개 모델을 사용해서, 내가 문장을 입력하면 인공지능이 뒤에 이야기를 이어서 쓰는 프로그램을 만들어 보려고 해요.

오, 기돌이는 외부 API를 이용하려고 하는구나?!

외부 API가 뭔데요?

외부 API는 쉽게 말하면, 다른 사람들이 만들어 놓은 똑똑한 기능을 우리 코드에서 바로 쓸 수 있게 해주는 도구야.

예를 들어 GPT API를 쓰면 글을 쓰거나 질문에 답하는 AI를 만들 수 있어. Stable Diffusion API를 쓰면 그림을 그리거나 그림 스타일을 바꾸는 것도 가능해. 구글 API를 쓰면 지도, 번역, 검색 같은 기능을 우리 코드에서 바로 활용할 수 있지.

즉, API를 사용하면 우리가 모든 걸 직접 만들지 않아도 AI가 훨씬 똑똑하게 움직이도록 도와주는 도구라고 생각하면 돼.

하지만 몇 가지 주의할 점도 있어. 대부분의 API는 돈이 필요하거나 사용량에 제한이 있어. 그리고 API를 사용할 때는 제공자가 정한 사용 규칙을 지켜야 해.

그런데 Hugging Face에서 제공하는 API는 오픈소스라서 공개된 모델을 개인 학습이나 소규모 프로젝트에 무료로 사용할 수 있어.

이 모델을 사용하면, 우리가 직접 AI를 학습시키지 않아도 바로 글 이어쓰기, 질문 답변, 간단한 챗봇 같은 실습을 해볼 수 있단다.

이걸 미리 조사해봤다니 역시 기돌이야!

기돌이, 정말 많이 연구했구나!
프롬프트가 이렇게 구체적이니까 나도 도와주기가 훨씬 쉬워졌어.
본격적으로 코드를 짜기 전에, 먼저 네 가지 일을 해보자.

1. 터미널에서 Hugging Face 모델을 가져와 쓰는 도구(transformers)와, 계산을 해주는 엔진(torch) 설치하기

```
pip install transformers
python -m pip install torch torchvision torchaudio
```

2. 코드 입력 화면에서 내 컴퓨터에서 GPU가 있는지 확인하기

```
import torch

def check_torch_install_instructions():
    if torch.cuda.is_available():
        print("GPU가 있어요!")
        print("PyTorch GPU 버전을 설치하세요:")
print(
    "pip install torch torchvision torchaudio --index-url "
    "https://download.pytorch.org/whl/cu118"
)
    else:
        print("GPU가 없어요. CPU 버전을 설치하세요:")
        print("pip install torch torchvision torchaudio")
    print("\n설치 후 PyCharm을 재시작하세요!")

# 함수 실행
check_torch_install_instructions()
```

위 파이썬 코드를 입력하고 세모 버튼(▶)을 누르면, 결과 화면에서 다음에 해야 할 일을 알려줄 거야.
파이썬이 안내하는 대로 3-1 또는 3-2 중 하나를 골라서 터미널에 입력해 봐.

3-1. PyTourch GPU 버전을 설치해야 할 경우

```
pip install torch torchvision torchaudio --index-url
https://download.pytorch.org/whl/cu118
```

3-2. CPU 버전을 설치해야 할 경우

```
pip install torch torchvision torchaudio
```

4. 설치가 끝나면 파이참을 꼭 재시작해 줘.
   재시작하지 않으면 오류가 날 수 있으니까 주의하자.

설치 다했어!
그럼 이제 코드를 알려줘.

좋아!
그럼 이 코드를 입력 창에 복사해서 붙여넣어봐.

```
from transformers import pipeline

# 텍스트 생성 AI 준비 (GPT-2)
generator = pipeline('text-generation', model='gpt2')

print("AI 준비 완료! 문장을 입력하면 이어서 이야기를 써줄 거예요.")
print("종료하려면 'exit' 입력\n")
```

```
while True:
    user_input = input(“문장을 입력해봐: ”)
    if user_input.lower() == “exit”:
        break

    # AI가 문장 이어쓰기
    result = generator(user_input, max_length=50, num_return_sequences=1)
    ai_text = result[0][‘generated_text’]
    print(f“\nAI가 이어쓴 이야기:\n{ai_text}\n”)
```

어라?
인공지능이 이어쓴 이야기 결과가 이상하게 나왔어.

‘있었어요 있었어요…’ 이렇게 글자가 막 반복돼. 뭐가 문제야?

아하! 네가 사용한 GPT-2 모델은 영어 중심으로 학습된 모델이어서 그런 거야.
한국어 문장을 넣으니까 제대로 이해하지 못하고 글자가 반복되었던 거야.

해결 방법은 두 가지야.

1. 한국어에 맞는 모델을 사용하기

skt/kogpt2-base-v2 같은 한국어 GPT-2 모델을 쓰면 자연스럽게 이어쓸 수 있어.

2. 생성 옵션을 설정해서 반복되는 문제를 막기

max_length, do_sample, top_k, top_p, no_repeat_ngram_size 같은 옵션을 활용하면 글자가 반복되지 않고 자연스러운 문장을 만들 수 있어.

자,
이제 이 두 가지 해결 방법을 적용한 최종 코드를 만들어줄게!

```
# Hugging Face 한국어 GPT-2 모델로 이야기 이어쓰기 (최종 버전)
from transformers import pipeline
import os

# 0. 경고 최소화 (선택)
# Windows에서 심볼릭 링크 경고 끄기
os.environ["HF_HUB_DISABLE_SYMLINKS_WARNING"] = "1"

# Xet Storage 설치 시 성능 향상 가능
# 설치: pip install huggingface_hub[hf_xet]

# 1. 한국어 모델 사용
generator = pipeline(
    "text-generation",
    model="skt/kogpt2-base-v2"  # 한국어 GPT-2
)

# 2. 생성 옵션 설정
prompt = "옛날 옛날에 고구마가 살고 있었어요."
result = generator(
    prompt,
    max_length=50,          # 생성할 최대 글자 수
    do_sample=True,         # 다양하게 샘플링
    top_k=50,               # 상위 k개의 후보만 선택
    top_p=0.95,             # 누적 확률 p 이상 후보만 선택
    no_repeat_ngram_size=2  # 2글자 이상 반복 방지
)

# 3. 결과 출력
print(result[0]["generated_text"])
```

오!! 이제 잘 된다!
정말로 인공지능이 내가 쓴 문장 뒤에 이야기를 덧붙여서 써주네!

우리가 해냈어!
하이파이브!!

와, 기돌아! 이렇게 능숙하게 해낼 줄 몰랐는데, 진짜 멋지구나!

기돌이가 한 것처럼, 외부 API를 사용하면 우리가 모든 걸 직접 만들지 않아도 똑똑한 AI 기능을 바로 활용할 수 있어. 카메라에 손글씨를 보여주면 AI가 숫자를 맞히고, 말로 질문하면 AI가 대답하며, 텍스트를 음성으로 읽어주는 기능도 만들 수 있지. 게다가 한글과 영어를 번역하는 기능도 쉽게 구현할 수 있어.

바이브 코딩과 파이썬으로 너는 어떤 재미있는 것을 만들어보고 싶니?
준돌이도, 그리고 독자 친구들도 한번 도전해보자!

에필로그

이제 너의 차례야!

책을 끝까지 읽어줘서 고마워.
이제 넌 단순히 코드를 따라 쓰는 사람이 아니라,
인공지능과 이야기하면서 새로운 아이디어를 실험할 줄 아는 탐험가가 된 거야.

프로그래밍은 악기나 운동처럼 하면 할수록 더 재미있어지는 활동이야.
짧은 코드 한 줄이 뜻밖의 결과를 만들기도 하고,
작은 실험 하나가 새로운 프로젝트로 자라나기도 하지.

앞으로 만나게 될 코딩의 세계는 끝이 없는 바다와 같아.
그 안에는 아직 발견되지 않은 섬도 있고, 지도에 없는 길도 기다리고 있지.
이 책이 그 바다로 나아가는 데 작은 나침반이 되어줬다면 참 좋겠다.

미래는 이미 우리 앞에 와 있어.
그리고 그 미래를 여는 힘은 정답을 아는 게 아니라,
스스로 질문하고 탐구하는 용기야.
너의 그 첫걸음을 함께 시작할 수 있어서 정말 즐거웠어!!

코드 찾아보기

구분	명령어 / 함수 / 모듈	설명	페이지
기본 문법	print	화면에 글자를 출력	42
	if, elif, else	조건문	53, 55
	for, while	반복문	78, 96
	def, return	함수 정의와 결과값 반환	107, 112
	class, __init__	클래스 정의 및 초기화	127, 130
자료형 & 연산	input	사용자 입력 받기	64
	int	정수형 변환	65
	str	문자열 변환	72
	add, subtract, multiply, divide	사칙연산 함수	112
모듈 & 라이브러리	math.ceil, math.floor, math.sqrt	수학 관련 함수	146
	random	무작위 숫자 선택	68
	time.time, time.sleep	시간 관련 함수	143
	datetime.date	날짜 관련 함수	144
	turtle	그래픽 / 거북이 모듈	147
도구	import	모듈 불러오기	69
	pip	파이썬 패키지 설치 도구	153

저작권 안내

1. 소프트웨어 및 서비스

- 이 책에는 학습을 돕기 위해 다양한 소프트웨어와 서비스의 화면, 로고 등이 포함되어 있습니다.
- 모든 상표권과 저작권은 각 소유자에게 있으며, 교육 목적으로만 활용되었습니다.
- 특정 회사의 공식 출판물이나 후원을 받은 것이 아닙니다.

주요 소프트웨어

- **Google Colab:** Google Brand Resource Center "Go for it" 가이드라인에 따라 교육 목적으로만 사용되었습니다. Google 및 Google Colab은 Google LLC의 상표입니다.
- **Python:** Python 및 로고는 Python Software Foundation의 상표입니다. 예제 코드는 교육용으로 작성되었습니다.
- **PyCharm:** PyCharm은 JetBrains s.r.o.의 등록 상표이며, 화면은 학습 목적만으로 수록되었습니다.
- **기타:** 교재에 언급된 다른 제품명, 회사명, 서비스명은 각 소유자의 상표입니다.

2. 글꼴(폰트)

이 책에 사용된 모든 글꼴은 해당 제작자의 저작권에 따라 사용되었습니다.

사용 글꼴 목록

강원교육튼튼체, 둘기마요 거친, EF제주돌담체, KoPubWorld돋움체, KoPubWorld바탕체, 삼립 호빵체, 안동엄마까투리OTF, 잉크립퀴드체, 페이퍼로지

3. 디자인 소스

이 책에 포함된 모든 디자인 소스(아이콘, 이미지, 일러스트, 배경 등)는 각 제작자의 저작권을 존중하여 사용되었습니다.

제작자 목록

freepik, juicy_fish, starline, stephanie2212